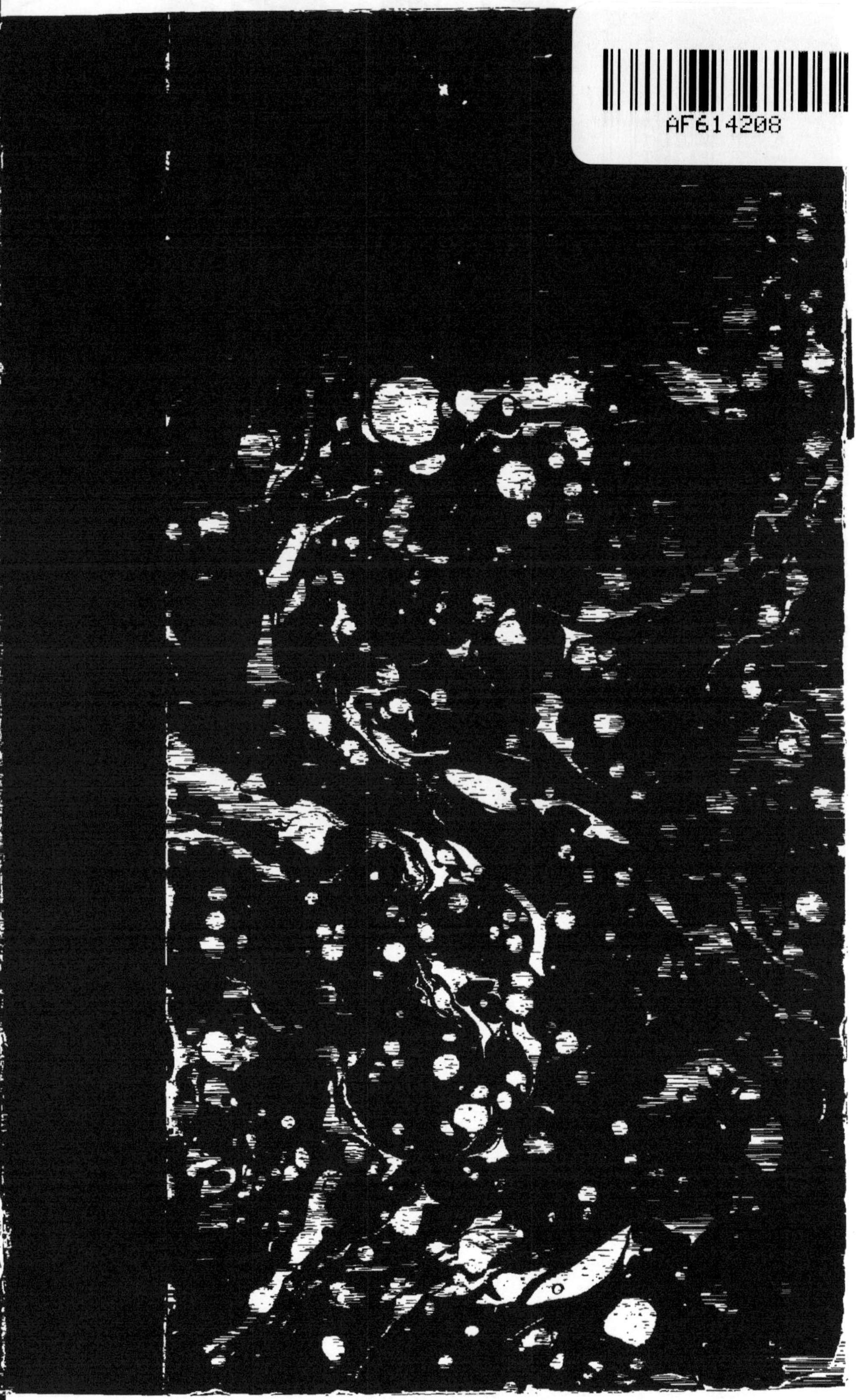

LAURENT

CRE ET MARTYR

PAR

L'ABBÉ A. LABOSSE

DE L'ACADÉMIE PONTIFICALE DU TIBRE
DE PLUSIEURS AUTRES SOCIÉTÉS SAVANTES.

Tanta enim ejus martyrii gloria exstitit, ut passione sua mundum illuminavit universum...
Beati igitur Laurentii exemplo provocamur ad martyrium, accendimur ad fidem, incalescimus ad devotionem. SERM. VII. S. AUG. DE S. LAUR.

LILLE

LEFORT, IMPRIMEUR-LIBRAIRE

HISTOIRE

DE

SAINT LAURENT

Paris, chez Schulgen & Schwan Éditeurs 25 Rue St Sulpice

HISTOIRE

DE

SAINT LAURENT

DIACRE ET MARTYR

PAR

L'ABBÉ A. LABOSSE

MEMBRE DE L'ACADÉMIE PONTIFICALE DU TIBRE
ET DE PLUSIEURS AUTRES SOCIÉTÉS SAVANTES.

Tanta enim ejus martyrii gloria exstitit, ut passione sua mundum illuminavit universum.... Beati igitur Laurentii exemplo provocamur ad martyrium, accendimur ad fidem, incalescimus ad devotionem. SERM. VII, S. AUG. DE S. LAUR.

LILLE
L. LEFORT, IMPRIMEUR-LIBRAIRE
MDCCCLXII

APPROBATION

DE MONSEIGNEUR L'ARCHEVÊQUE DE SENS

Sens, le 25 juillet 1862.

MON CHER ABBÉ,

Votre HISTOIRE DE SAINT LAURENT sera un bon livre de plus à ajouter à ceux qui ont déjà paru pour la défense de la foi. Le moyen que vous avez employé pour réaliser votre dessein a été admirablement choisi; car le Héros chrétien, dont vous avez écrit l'Histoire, nous apprend, avec la double éloquence de la parole et de l'exemple, qu'il faut consentir à tout perdre, même la vie, plutôt que de trahir l'Eglise.

Aussi, bien convaincu de l'utilité de votre œuvre, surtout dans les temps où nous vivons, c'est de tout cœur, mon cher abbé, que nous en autorisons l'impression, et que nous formons des vœux pour que votre livre se répande de plus en plus parmi les fidèles.

Recevez, mon cher abbé, l'assurance de mon estime et de mes sentiments les plus affectueux.

† MELLON JOLLY,
ARCHEVÊQUE DE SENS.

APPROBATION

DE MONSEIGNEUR L'ÉVÊQUE DE POITIERS

Poitiers, le 3 Août 1862.

Monsieur l'abbé,

J'ai lu avec un véritable intérêt et avec beaucoup d'édification votre Histoire de saint Laurent, diacre et martyr. Je vous félicite d'avoir contribué à populariser davantage la vie de cet illustre Lévite, une des plus grandes et des plus douces figures du christianisme des premiers âges. Je joins donc de grand cœur mon approbation à celle de Monseigneur votre Archevêque.

Agréez, Monsieur l'abbé, l'assurance de mes meilleurs sentiments.

† PIE,
évêque de Poitiers.

AVERTISSEMENT DE L'AUTEUR

Depuis longtemps l'Histoire de saint Laurent paraissait être, sinon entièrement tombée dans l'oubli, du moins peu connue du grand nombre des fidèles. Le temps nous a semblé favorable de la remettre en lumière, aujourd'hui surtout que l'Eglise Romaine est si violemment attaquée dans la légitime possession de ses Domaines. Car personne n'ignore que, le premier, saint Laurent souffrit le martyre pour la défense des biens de l'Eglise, et le martyre le plus cruel peut-être de tous, celui d'être rôti vivant, plutôt que de livrer ces biens de l'Eglise Romaine aux mains des persécuteurs.

Pour combattre ces mêmes ennemis, des hommes d'une autorité et d'un génie éminent ont, de nos jours, déployé, dans de nombreux écrits qui font notre admiration, toutes les ressources de leur talent. Mais, quelque grande que soit la voix de la science, elle ne peut égaler la voix du martyre. C'est ce qu'avaient compris les premiers chrétiens : ils écrivaient peu, mais ne cessaient de se remettre sous les yeux et de rappeler à leur mémoire la vie et la mort des Saints de Jésus-Christ; et, en lisant ces Actes des Martyrs, il leur semblait toujours les entendre redire ces paroles que Pie IX vient d'adresser à tous les chrétiens : « Contemplez-vous dans les très-saints Martyrs qui n'ont pas craint de donner leur sang et leur vie pour la défense de l'Eglise de Dieu[1]. »

[1] Allocution de Pie IX dans l'Eglise de Sainte-Marie-sopra-Minerva, pour la canonisation des Martyrs du Japon, 25 Mars 1862.

INTRODUCTION

AUX ACTES DE SAINT LAURENT

Les Actes de saint Laurent ont-ils existé? — Avons-nous encore ces Actes?

Antiquis in rebus, si quæ similia veris sunt, pro veris accipiuntur.

TITE-LIVE.

Depuis l'origine du christianisme jusqu'à nos jours, le culte des Saints n'a cessé d'être cher à l'Eglise et de faire la consolation des vrais fidèles. Mais dans le nombre des Bienheureux qui ont mérité des autels, elle a réservé une place plus grande dans ses hommages à ceux qui, soit par les vertus extraordinaires dont ils ont brillé sur

1

cette terre, soit par les longs et affreux tourments qu'ils ont endurés par amour du Christ, sont devenus, dans leur vie ou dans leur mort, des modèles exceptionnels pour leurs frères d'ici-bas. C'est surtout quand ces deux gloires viennent se réunir, comme dans saint Laurent, que l'Eglise leur prodigue ses honneurs par les temples, les autels, les richesses accumulées dans les lieux où reposent quelques-uns de leurs restes sacrés. « Mais ne serait-il pas indigne, dit un auteur du IXe siècle, Paschase-Ratbert, de voir les ossements des Saints dans des châsses d'or et d'argent, couvertes de pierreries, pendant que leurs Actes ne recevraient que le dédain et le mépris? et il n'en peut être autrement, si la postérité ne les connaît pas. Alors, ajoute le même auteur, si leur vie demeure ignorée, ou ne parvient à la connaissance des fidèles que dans un langage indigne, leur gloire en est diminuée, la beauté de l'Eglise obscurcie, et le triomphe du Christ reste caché [1]. »

Paroles justes et vraies, et s'adaptant si parfaitement à l'histoire du Bienheureux dont nous

[1] *Prolog. ad Acta SS. Rufini et Valerii.*

voulons parler, qu'on les dirait écrites pour lui seulement. Car, depuis que la haine ou l'ignorance des sectaires a déversé le mépris sur ses Actes respectés durant tant de siècles, peu à peu ils sont rentrés dans le silence de l'oubli. De nos jours, si, du haut de la chaire, l'orateur sacré veut faire entendre quelques mots à la louange de saint Laurent, dès le début, il annonce que cette vie, si connue, si chère à la foi de nos aïeux, est complètement ignorée : Il finit ses jours sur un gril; rôti sur un côté, il se fit retourner sur l'autre, et c'est tout !

Je le sais, depuis la critique souvent excessive des derniers siècles, des accusations graves pèsent sur les Actes du Saint. Je ne parle ici que des hommes de poids, dont le nom a toujours été respecté par la science. Mais les jugements qu'ils ont émis de part et d'autre, sont si divers et si contradictoires, qu'ils suffiraient à eux seuls, sinon pour en prouver l'entière véracité, du moins pour détruire complètement les accusations dirigées contre ces mêmes Actes.

Les Bollandistes [1], par l'organe du P. Pinius,

[1] *Acta Sanctorum*, 10 Août.

chargé de traiter ces matières, semblent, d'après Tillemont[1], douter que les Actes de saint Laurent aient été jamais écrits. Car, disent-ils, par les expressions employées par les Pères dans leurs homélies sur saint Laurent, en rappelant quelques-unes des circonstances de sa vie; par les formes indéfinies et douteuses dont ils se servent, *narratur*, *fertur*, ces Pères paraissent ne rapporter qu'une tradition vague et sans autorité écrite.

Pour démontrer que ces mots, pris en eux-mêmes, ne seraient qu'une argumentation de nulle conséquence, il suffirait d'opposer les mêmes termes employés par les auteurs de la meilleure latinité dans leurs narrations historiques les plus avérées[2]. Tout le monde convient de la facilité de le faire : on n'aurait que l'embarras du choix. Aussi le P. Pinius ne paraît-il pas fort rassuré sur la force du raisonnement de Tillemont. Après avoir paru l'abandonner, il y revient encore, et finit par dire qu'il ne semble pas possible de

[1] *Mémoires pour servir à l'histoire des six premiers siècles*, tom. IV.

[2] Voyez : Tite-Live, V; Valère-Max., VIII, 7; Cic., *de Orat.*, I; Sénèq., Ep. 50; Aurél. Vict., Ep. 2.

démontrer l'existence de ces Actes, ni de prouver que les Pères en aient eu connaissance.

Cependant la grandeur de saint Laurent d'un côté, de l'autre la conduite de l'Eglise Romaine au temps des persécutions, devaient, ce semble, empêcher un semblable doute de s'élever chez ces auteurs d'ailleurs si bien instruits; car ils n'ignoraient ni tout le soin, ni toute la sollicitude que cette Eglise, en particulier, mettait à conserver, dans ses archives, les actions et la mort glorieuse de ses plus humbles enfants.

Ce que Pie I, au IIe siècle[1], répondait à Juste, évêque de Vienne, en lui recommandant d'apporter autant de soin à recueillir ces Actes qu'à conserver les ossements des martyrs, saint Clément, au Ier siècle[2], l'avait déjà mis à exécution, en distribuant sept notaires dans la ville pour recueillir les actions des martyrs.

Bientôt, soit à cause du nombre toujours croissant des chrétiens, par conséquent, des fidèles qui mouraient pour la foi; soit plutôt afin d'obtenir une rédaction moins grossière sans doute, et

[1] Cette lettre est de l'an 166.

[2] *Liber pontif. ad Clem.* Bianchini. *Anastase.* t. II.

plus correcte que le style des inscriptions laissées dans les Catacombes, on leur adjoignit des sous-diacres pour transcrire leurs notes [1]. Les diacres y mettaient la dernière main avant de les lire, selon la coutume, dans les assemblées publiques. Les Papes quelquefois y travaillaient eux-mêmes; et nous savons que saint Anthère, peu d'années avant la mort de saint Laurent, fut la victime de son zèle à recueillir ces annales sacrées [2]. Il montra, en effet, un si vif empressement à rechercher les compilations des Notaires et à retirer les notes des différents greffes des tribunaux, qu'il fut enfin arrêté et mis à mort.

Voilà jusqu'où l'Eglise de Rome et ses Pontifes poussaient l'importance qu'ils attachaient à la conservation du précieux souvenir de ceux qui avaient été immolés pour le nom du Christ, fussent-ils des plus humbles conditions, des derniers

[1] Si le style épigraphique a toujours été, chez les peuples, la partie la plus noble du langage, on peut juger par ce qui nous reste des inscriptions des Catacombes, quelle a dû être la rédaction primitive des Actes écrits par les clercs inférieurs de Rome. Dans les autres contrées où le latin était généralement peu parlé, les Actes des martyrs sont mieux rédigés; car il n'y avait que les savants qui y travaillassent.

[2] Baronius, *Annal. anno* 236. Le *Liber pontificalis* est plus explicite dans le catalogue du P. Boucher et peut s'appliquer à saint Clément.

rangs du peuple. Et l'on voudrait que la vie et la mort de saint Laurent n'eussent pas laissé de traces dans ses annales ! cette mort qui, comme le chantait Prudence, à quelques années de là, fut la vraie mort des dieux [1] :

Mors illa sancti martyris
Mors vera templorum fuit !

lui qui, par les vertus dont Rome entière fut témoin, et surtout par son illustre martyre, devint, après les apôtres Pierre et Paul, la plus grande gloire de cette ville ! La cause qu'il défendit si noblement et sa fin extraordinaire eurent un si grand retentissement dans l'empire, que les Pères n'ont pu s'empêcher d'envier à Rome la possession d'un si grand Saint ; aussi saint Augustin laisse-t-il tomber ces paroles de regret, en commençant une de ses homélies : *Illustre martyrium est, sed Romæ! non hic* [2]. Saint Maxime trouve Rome trop heureuse : *Lætior Roma! tanto nobilitata sanguine* (*sancti Laurentii*) [3].

[1] Aurelius Prudentius, poëte du IVe siècle. *Ex lib.* Περι Στεφανων. *Hymn.* II.

[2] *S. Aug. Oper., edit. Mauri, Serm.* CCCIII.

[3] *S. Max. Taurinensis Oper., edit. Theop. Renaudii, Serm.* II.

De nos jours, ainsi qu'au temps de saint Léon, le peuple romain reconnaît encore saint Laurent comme un de ses premiers protecteurs, et redit toujours : *Cujus patrocinio confidimus*[1].

Cette confiance qu'il avait mise dans les restes sacrés du Lévite, était si grande, qu'après le sac de Rome par Genséric, il ne pouvait comprendre comment, avec un tel défenseur, ce fléau de Dieu avait pu passer sur leur ville[2]. « Pierre, Paul et Laurent, disaient-ils, sont ensevelis à Rome, et Rome est saccagée par les barbares[3] ! »

Ah ! oui, ce serait vraiment une conduite incompréhensible, et l'on ne saurait s'expliquer comment cette Eglise si persévérante, si active dans la recherche de ces sortes de documents, eût laissé son plus grand Héros dormir dans l'oubli, sans lui consacrer le souvenir d'une seule page. Car, on ne peut guère compter sur la fidélité de la tradition, quelles que soient la gloire et les vertus qu'elle ait à redire, quand un siècle a passé sur le détail des actions et l'exactitude des paroles.

[1] S. *Leonis papæ*, *Serm.* LXXXV.

[2] Rome fut saccagée par Genséric, roi des Vandales, en l'an 455.

[3] S. *August.*, *De Civitate Dei.*

Qu'à Rome on ait conservé plus fidèlement la mémoire de saint Laurent, quelque souvenir de ses vertus, ou de son martyre, on le croira encore. Mais que cette tradition se soit maintenue durant des siècles en Afrique, dans les Gaules et dans le reste de l'Italie, c'est ce qu'il serait difficile de persuader. Cependant, nous avons dans les ouvrages des Pères qui ont vécu la plupart dans les contrées que nous venons de mentionner, par conséquent, loin des lieux qui furent témoins des scènes qu'ils racontent; nous avons, dans les Liturgies des premiers siècles, tant de détails circonstanciés sur le martyre du Saint; les mêmes paroles y sont rapportées avec tant d'exactitude, qu'on est bien forcé d'admettre que ces récits ont été tirés de quelques monuments antérieurs, en tout semblables aux Actes que nous avons. Car, Pères de l'Eglise, Actes et Liturgie ont un caractère si parfait de ressemblance, qu'on ne saurait presque dire lesquels ont servi de modèle.

En suivant maintenant pas à pas la narration des Actes, nous retrouverons chez les Pères, dans les différentes Liturgies, les mêmes scènes, les mêmes paroles si uniformément reproduites, qu'on ne peut douter qu'elles n'aient été puisées à une source commune.

Saint Augustin nous donne d'abord à entendre que les Actes du Martyr se lisaient publiquement dans son église : ***Sicut soletis audire***, disait-il aux fidèles d'Hippone [1]. Aussi ajoute-t-il dans une autre homélie prononcée le jour de sa fête : « Vous connaissez tous la passion du bienheureux Laurent, et vous n'ignorez pas les tourments qu'il endura pendant cette persécution [2]. » Comment auraient-ils pu les ignorer, puisque, selon saint Pierre Chrysologue, toutes les contrées de l'empire romain en avaient connaissance : ***Egregii martyris merita nulla pars romani orbis ignorat.*** « Sa passion est mémorable, continue le même saint, et des plus merveilleuses ; avec le secours du Seigneur, je la raconterai brièvement [3]. »

Comme les Actes que nous possédons, les Pères gardent le silence sur ses premières années, et ne commencent à le mettre en scène qu'à cette première entrevue : *Quò, sacerdos sancte, sine*

[1] *S. August.*, *Serm.* III, *in Nat. S. Laurent.*

[2] *Id.*, *Serm.* CCVIII. IV, *in Nat. S. Laurent.*

[3] *S. Petri Chrysol.*, *Serm.* CXXXV.

diacono, properas? racontée au long dans les Offices de saint Ambroise, où saint Sixte marchant au supplice promet dans trois jours la même victoire à son Diacre [1]. Saint Maxime rapporte les mêmes paroles, en les mettant dans la bouche de saint Sixte, qu'il fait parler directement : *Ait illi : Depone omnem, fili, de meâ morte tristitiam* [2].

« Aussitôt qu'il apprend du Prêtre et du Martyr, lisons-nous dans une autre homélie du même saint, l'heureux sort qui l'attend, il commence incontinent la distribution des trésors de l'Eglise confiés à sa garde [3] : *Ergo ut comperit ore Sacerdotis et Martyris se quoque omnimodis assumendum, congregatis inopum turbis ecclesiasticum censum religiosâ liberalitate divisit.* C'est pour cette raison qu'il est immédiatement conduit au tribunal des impies : *Propter quod protinus ad tribunal rapitur impiorum* [4]. » Les Actes ne parlent pas autrement.

Nous continuons avec saint Augustin : « Ren-

[1] *S. Ambr., l.* I, *Off., cap.* 41.

[2] *S. Max., Homil.* II, *in Nat. S. Laurent.*

[3] *Id., Homil.* I, *in Nat. S. Laurent.*

[4] *Id., Homil.* II, *in Nat. S. Laurent.*

fermé dans sa prison (*in custodiâ*), le Seigneur faisait toujours éclater par lui sa puissance. Tu faisais le signe du Christ sur les yeux des aveugles, et ils voyaient la lumière ; et tu convertissais d'une manière admirable Hippolyte à la foi[1]. »

Ecoutons maintenant saint Léon :

« Le persécuteur ordonne à Laurent de renoncer au Christ, puis se dispose à mettre à l'épreuve des plus terribles supplices l'invincible courage du Lévite. Les premiers tourments ne pouvant l'ébranler, de plus cruels encore succèdent. (Ce sont les différents interrogatoires des Actes.) Son corps est brisé de coups, et tous ses membres disloqués[2]. » Enfin, le tyran ordonne, selon saint Pierre Chrysologue, d'apporter un gril, et de le maintenir sur ce lit de douleur avec une chaîne de fer[3]. Autant de circonstances énumérées par les Actes, et résumées en deux vers par saint Damase :

> Verbera, carnifices, flammas, tormenta, catenas
> Vincere Laurentii sola fides potuit[4].

[1] S. *Aug.*, *Serm.*

[2] *Diris parat urgere suppliciis. Quorum ubi prima nihil obtinent, vehementiora succedunt. Lacertos artus, et multa verberum sectione conscissos.* (S. *Leo*, *Serm.* LXXXV, *in Nat. S. Laurent.*)

[3] *Astrictus est ferro. S. Petri Chrysol.*, *Serm.* CXXXV, *in S. Laur.*

[4] *Bianchini*, *ad Anast.*, *t.* III, *p.* 33.

Les diverses Liturgies ne sont pas moins explicites dans les emprunts qu'elles font aux Actes, en redisant les paroles du saint Martyr.

Nous lisons, en effet, dans le Missel gothique, à l'immolation de la messe : « Nous avons entendu sa voix disant : Vous avez éprouvé mon cœur, ô Dieu, et m'avez visité la nuit. Vous m'avez fait passer par le feu, et l'iniquité ne s'est pas trouvée en moi [1]. »

Celui de saint Grégoire porte : « Le bienheureux Laurent priait et disait : Je vous rends grâces, Seigneur, de m'avoir trouvé digne d'entrer dans votre demeure [2]. »

Nous ne transcrirons pas ici le martyre de saint Romain, la conversion de saint Hippolyte, la guérison des aveugles, etc., parce que tout l'office composé pour la fête du saint est intégralement extrait des Actes. C'est de ce même office, en partie, que l'Eglise Romaine se sert encore aujourd'hui, quoiqu'un peu interverti de l'ordre établi par saint Grégoire ou ses prédécesseurs [a].

[1] Leslée, *Litur. mozar.* in-fol.

[2] *Tommasi*, *Codices sacram.*, *Rom.* 1747.

[a] Voir aux Pièces justificatives.

Car, le Sacramentaire connu sous le nom de saint Gélase ou de saint Grégoire, ne saurait assurément passer pour l'œuvre des deux Pontifes. Les modifications apportées par le dernier surtout ne consistent guère que dans l'abréviation des longs rites en usage avant lui, et dans le changement de quelques mots pour les adapter au rhythme du chant ecclésiastique dont il est l'auteur.

Fût-il le premier qui eût introduit dans l'office divin les extraits de ces Actes, lorsqu'on connaît la conduite des Papes en cette matière, on doit convenir qu'ils recevraient par-là même un cachet de vénération et d'authenticité. Saint Gélase, un siècle avant saint Grégoire, disait : « Selon l'ancienne coutume, la sainte Eglise Romaine n'admet les Passions des martyrs pour la lecture publique qu'avec une extrême prudence[1]. » Or, comment supposer que ce grand Pape, ce savant docteur, oubliant cette ancienne prudence de l'Eglise Romaine, eût inséré des Actes apocryphes, non pas dans une lecture publique, mais dans le corps

[1] Dom Mabillon, *Disquisitio de cursu Gallicano*, § 1. — Benoit XIV. *Cano. S. C.* III, n° 4. — Zaccaria, *Storia polem. delle proibiz. de' libri*, Rom. 1777.

même de la Liturgie représentant la tradition officielle de l'Eglise, et destinée à solenniser le patron de Rome?

Nous pourrions encore multiplier les citations, et ajouter d'autres témoignages pris dans des auteurs moins connus, ou empruntés à des siècles postérieurs. Mais l'autorité de la science, unie à la sainteté des grands noms cités plus haut, appuyée des anciennes Liturgies des Eglises particulières, suffit pour prouver ce que nous voulions prouver d'abord : que les Pères ont connu les Actes de saint Laurent.

Aussi le savant Scheelstrate[1], à la lecture seule des différents passages où saint Ambroise parle de saint Laurent, a-t-il reconnu que ce docteur avait eu sous les yeux, en écrivant, les Actes primitifs du Martyr : ***Habuit Germana Xisti (vel Laurentii) Acta divus Ambrosius, qui sæpiùs eorum meminit.*** Baronius[2] est du même avis, et paraît persuadé de l'ancienneté de leur rédaction et de leur authenticité.

Maintenant, ces Actes, lus et commentés par

[1] Scheelstrate, *Antiquitates Ecclesiæ illustratæ*, *Rom.* 1697.

[2] Baronius, *Annal. ad ann.* 261.

les Pères des premiers siècles jusqu'à saint Grégoire, sont-ils les mêmes que ceux que nous avons aujourd'hui, et que l'on trouve dans saint Adon [1] ?

Beaucoup l'ont nié, d'autres les ont suspectés; mais la plus saine critique les a toujours regardés au moins comme vénérables.

Examinons d'abord l'auteur qui les a recueillis pour nous les transmettre dans un ouvrage qui porte son nom, Adon et son Martyrologe. En se reportant aux circonstances dans lesquelles le saint et savant prélat composa son livre, on voit qu'il ne commença de l'écrire qu'après un assez long séjour dans la ville de Rome, par conséquent, lorsque ces livres et ces traditions lui étaient bien connus. Nous disons *écrire*, si le mot n'est pas impropre; car lui-même nous apprend qu'il ne fit que le transcrire, ou le copier sur deux manuscrits, dont l'un était, nous dit-il, *fort ancien.*

[1] Saint Adon, archevêque de Vienne, mourut en 875. Après quelques années de séjour à Rome, il vint habiter Ravenne vers l'an 857. C'est là qu'il écrivit son Martyrologe sur un exemplaire très-ancien, venu de la ville d'Aquilée, où il avait été apporté de Rome. Mab. *Cont. Valesium pref. sœc.* 5., *Act. S. B.*

Sans forcer la portée de ces textes anciens, on peut les faire remonter au moins jusqu'au temps de saint Grégoire, et croire que ce manuscrit n'était autre que le Passionnaire reçu comme canonique dans l'Eglise Romaine. Car nous savons d'une manière positive qu'à l'époque de ce saint Pape (c'est lui-même qui nous l'apprend dans une lettre à Euloge, Evêque d'Alexandrie), il y avait deux livres reçus comme tels : l'un, rempli de détails sur les diverses circonstances du martyre : *Quis, qualiter sit passus indicabatur;* l'autre, appelé le Petit Martyrologe, rappelait seulement le jour et le lieu : *sed tantùm locus et dies passionis* [1]. Et tous les deux scrupuleusement expurgés de tout récit tant soit peu suspect, *superflua aut minùs apta*, « de peur, disait saint Gélase dans le concile de Rome, de donner une occasion même légère de critiquer la sainte Eglise Romaine [2]. »

[1] *Epist.* VIII.

[2] *Gesta sanctorum Martyrum, secundum antiquam consuetudinem, singulari cautelâ in sanctâ Romanâ Ecclesiâ non leguntur, quia et eorum qui conscripsére nomina penitùs ignorantur, et ab infidelibus aut idiotis superflua, aut minùs apta quàm rei ordo fuerit, scripta esse putantur. Propter quod, ut dictum est, ne vel levis subsannandi oriretur occasio, in sanctâ Romanâ Ecclesiâ non leguntur.*

On venait des contrées les plus éloignées, comme Hégésippe[1] et Jules Africain[2], consulter les Actes de Rome. Les copies s'en étaient répandues dans tout l'univers. Saint Augustin, l'apôtre de l'Angleterre, en emportait avec lui un exemplaire jusque dans sa lointaine mission des régions du Nord. Ils étaient lus et commentés en Afrique, transcrits dans les Liturgies de Rome et de Milan, célébrés dans celles de l'Espagne et des Gaules.

Or, après le cours de deux siècles, espace qui sépare à peine saint Grégoire de l'Evêque de Vienne, comment admettre la perte de ces livres précieux, types et modèles de ceux des autres Eglises, et qui renfermaient tous les titres de gloire de Rome ? C'est là, cependant, ce qu'il faudrait conclure, si l'on admettait l'opinion de ceux qui pensent que les Actes de saint Laurent rapportés par Adon ou Métaphraste, ne sont plus ceux du IVe siècle. En mettant Adon en première ligne, nous n'entendons pas justifier toutes les Légendes de son Martyrologe ; mais étant le premier auteur

[1] *Euseb.*, *Hist. eccles.*, *lib.* IV, *c.* 22. — Dom Ceillier, *Hist. des ant. ecclés.*, t. II, p. 102.

[2] Tillemont, *Hist. ecclés.*, t. II. *in notis*, p. 595. — *Bolland.*, *ad* XVIII. *Jul.*, p. 355. — Dom Ceillier, t. IV, p. 340.

connu qui nous ait transmis celle de saint Laurent, il a dû, écrivant dans les circonstances où nous l'avons vu plus haut, la choisir comme ce qu'il y avait de plus incontestable et de plus véridique à son époque. Métaphraste qui vient ensuite, Vincent de Beauvais, Jacques de Voragine n'ont fait que suivre Adon, et, sauf de légères variantes, reproduire intégralement son texte.

Nous allons maintenant examiner succinctement les diverses accusations intentées contre ces Actes, afin que l'on puisse juger du fondement sur lequel elles reposent, et de la valeur qu'elles méritent.

En premier lieu se présentent, comme l'on doit s'y attendre en ces matières, les écrivains de l'école janséniste. « C'est, dit Tillemont[1], des pièces qui appartiennent constamment aux Pères dont elles portent le nom, que nous tirerons l'histoire de saint Laurent. Pour ce qui est de ses Actes, ils contiennent trop d'insignes faussetés pour y avoir aucun égard, même dans les choses les plus vraisemblables. C'est à peu près le jugement qu'en

[1] Tillemont, *Mémoires pour servir à l'histoire des six premiers siècles*, t. IV, p. 39.

porte Baronius dans ses *Annales* et dans ses notes sur le Martyrologe..... Il reconnaît qu'il y a des faussetés certaines, comme ce qu'ils disent qu'il a souffert sous Dèce. »

Ainsi, d'après Tillemont, Baronius aurait porté le même jugement que lui sur la fausseté de ces Actes. Heureusement il n'en est rien, et nous verrons plus bas cet historien dire précisément le contraire de ce qu'on lui fait avancer ici, et reconnaître que ces Actes sont dignes de foi. Mais ce mensonge, comme tant d'autres, était nécessaire pour faire prévaloir le système des sectaires, et, dans leurs mains, de même que dans celles des hérétiques, tous les moyens sont bons pour atteindre au but.

A l'appui des graves incriminations portées contre ces Actes, on aurait droit de s'attendre naturellement à une longue liste des erreurs émises dans la Légende. L'insulte et la négation, dans une dissertation historique, ne sont pas des preuves bien convaincantes. Mais Tillemont a cru devoir garder sur toutes ses découvertes de faussetés un majestueux silence, et ne nous donner pour garant que sa docte parole. Seulement, il lui plaît, à la fin, de nous dire qu'il a vu une faute de chronologie qui fait mourir saint Laurent sous Dèce, et recule ainsi son martyre de deux ou trois ans. Et pour cette seule raison (il n'en apporte pas d'autre), on ne doit avoir aucun égard aux Actes, même dans les choses les plus vraisemblables !

Ainsi, en rapprochant les dates, voici donc à quoi se réduit l'incroyable logique de cet homme : de ce qu'un auteur aurait, par mégarde, fait mourir saint Vincent de Paul sous Louis XIII, il suivrait de là que toute l'histoire de sa vie ne serait qu'une insigne fausseté, et qu'on n'en devrait rien croire, pas même les choses les plus vraisemblables !

Baillet, dans sa *Vie des Saints*[1], suit en tout les mêmes procédés que son devancier, c'est-à-dire un superbe mépris pour ces Légendes, force calomnies. Toutes les preuves de son amère critique se résument dans son unique affirmation.

Mais il est écrit que l'erreur doit se mentir à elle-même. Tillemont avait dit : « C'est de ce qui appartient aux Pères que nous tirerons l'his-

[1] Baillet, *Les Vies des Saints*, t. II, p. 9 et 125.

toire de saint Laurent. » Baillet ajoute ensuite : « Il faut s'arrêter seulement à ce qui se trouve dans les anciens Martyrologes et dans les Sacramentaires[1]. » Plus conséquents, nous, nous suivrons leurs conseils, et il se trouvera, chose extraordinaire ! que ces extraits des Pères, que ces anciennes Liturgies seront mot pour mot les mêmes Actes qu'ils rejettent. Mais laissons ces esprits prévenus, et passons à quelque chose de plus grave. Voyons ce que dit Baronius, et tâchons d'expliquer les difficultés qu'il prétend rencontrer.

« Les Actes de saint Laurent, publiés dans Surius, dit-il d'abord dans les notes du Martyrologe Romain, ont pour préliminaires ceux des saints Abdon et Sennen. Mais les erreurs historiques et la diversité du style montrent évidemment qu'ils sont d'un autre auteur ; car on y voit beaucoup de choses fausses et apocryphes, surtout en ce qui a rapport à la mort de Dèce et de Valérien. Nous

[1] Ce qui est dit de saint Sixte dans les Actes supposés ou falsifiés de saint Laurent, est sans autorité. Il faut s'arrêter seulement à ce qui s'en trouve dans saint Cyprien, Prudence, saint Ambroise, dans les plus anciens calendriers, martyrologes (celui d'Adon n'est pas ancien) et sacramentaires. Baillet, *Vies des SS.*, t. II, p. 6.

faisons cette remarque afin que le prudent lecteur sache les discerner des Actes véritables, *genuina*, de saint Laurent[1]. » Dans ses Annales, à l'année 261, on lit encore : « Les Actes donnés par Métaphraste sont sans doute les Actes primitifs recueillis par les Notaires, mais rédigés par un auteur qui y aura fait entrer ce que saint Ambroise et les autres en disent, et en aura ainsi composé un seul tout, puisqu'on y trouve certaines choses qui répugnent à la vérité historique[2]. »

Voilà l'opinion de Baronius et toutes les réflexions qu'il s'est permises sur les Actes de saint Laurent. Il déclare, il est vrai, apocryphes et faux ceux des saints Abdon et Sennen, mais c'est afin de mieux faire ressortir ceux de notre Saint, qu'il croit être encore les mêmes que les Actes des Notaires, *pristina illa a notariis excepta*. Ainsi,

[1] Bar., Notes au Martyr. rom. — *Habentur Acta ejus apud Surium, quorum exordio præmittuntur res gestæ sanctorum Abdon et Sennen. Quæ cùm ob styli diversitatem, tùm ob historiæ varietatem et inconstantem veritatem, alterius cujuspiam auctoris esse apparent... Hoc idcircò dixerimus ut sciat prudens lector illa a germanis Actis sancti Laurentii separare.*

[2] Bar., *Ann.*, *an.* 261. — *Quæ autem Laurentii Acta a Metaphraste sunt recitata, haud sanè pristina illa a notariis excepta videntur, sed ab aliquo alio scripta, quibus et quæ ab Ambrosio vel aliis de sancto Laurentio scripta essent, unà texuerit.*

Baronius, sur lequel on voulait faire peser une partie de la responsabilité de la fausse critique janséniste, déclare, au contraire, les Actes de Métaphraste ou d'Adon sincères et primitifs.

Ce n'est pas, croyons-nous, la suite de la narration de l'historien qui pourrait infirmer l'autorité qu'il vient de leur attribuer; car, si aux documents primitifs laissés par les Notaires, une main avait inséré postérieurement des extraits de saint Ambroise et des autres Pères, ils n'en deviendraient par-là même que plus respectables, et il ne serait pas possible de puiser à une source plus certaine ni plus pure.

Ainsi, que les Actes du Martyr nous soient parvenus intacts et sans mélange, ou bien avec les additions des Pères, dans l'une et l'autre hypothèse les autorités sont égales, et ils demeurent toujours vénérables.

Encore, la seule raison qui fit pencher Baronius vers ce sentiment, était-ce la possibilité d'y trouver quelque chose de contraire à la vérité historique. Or, s'il devenait possible d'éloigner cette difficulté, de faire en tout concorder la vérité historique avec le récit de ces Actes, il faudrait bien reconnaître qu'ils sont parvenus jusqu'à nous sans interpolation.

La seule tache dont Baronius semble se plaindre, c'est l'anachronisme apparent d'un Valérien et d'un Dèce César continuellement mis en scène, tandis qu'il est évident, d'après les monuments les plus authentiques, entre autres d'après la lettre de saint Cyprien à l'Evêque Successus, que saint Laurent mourut sous Valérien. Longtemps avant les critiques modernes, les anciens auteurs qui traitèrent ces matières, avaient fait cette même remarque. Mais, plus sensés que beaucoup d'entre les modernes, tout en conservant la beauté de l'ensemble, ils avaient cherché à découvrir ou à expliquer ce que les siècles suivants ne comprenaient plus [1].

Quelques savants, comme Scheelstrate, ont proposé divers expédients pour résoudre la question. Selon eux, la persécution suscitée par Valérien, à cause du court intervalle qui la sépare de

[1] Si les Actes de saint Laurent offrent des difficultés, l'histoire de son époque n'en offre pas moins. Voici ce qu'en dit Crévier dans son *Histoire Romaine* : « La confusion des temps dont j'écris l'histoire est extrême. Il n'y a pas une date d'événement, pas une époque de commencement ou de fin de règne, presque pas un fait qui ne soit sujet à discussion. »

celle de Dèce, avait été souvent confondue avec cette dernière, ainsi que le constate un grand nombre de Martyrologes. Saint Jérôme, entre autres, qui distingue souvent, dans le cours de ses ouvrages, ces deux persécutions, les confond cependant en une seule dans la *Vie de saint Paul, ermite.* Sulpice-Sévère l'appelle également *persecutione Decianâ.* Mais ce sentiment, très-recevable pour désigner une période de temps plus ou moins longue prise dans l'acception des auteurs précités, quoique aplanissant quelques difficultés, ne peut avoir une grande valeur quand le nom des personnages est si formellement désigné.

D'autres, et leur opinion mérite plus de créance, pensent que le nom de Dèce César appartenait à Gallien, fils de Valérien. Ce prince, créé César en 253, outre ses noms de Publius Licinius, aurait encore porté, quelque temps du moins, celui de Dèce[1]. C'était, en effet, l'usage des clients,

[1] « La famille de Dèce, dit encore Crévier, nous offre un exemple de ces embarras. Les noms *multipliés* de ses fils ont donné lieu à plusieurs savants de lui en attribuer quatre..... Dèce se nommait *C. Messius Quintus Trajanus Decius.* Il paraît que son nom de famille était *Messius.* Cependant l'usage a prévalu de le désigner par le nom de Dèce, que l'on fait quelquefois précéder de celui de Trajan. »

chez les Romains, de prendre le nom de leurs patrons, ou d'autres illustres personnages auxquels ils voulaient témoigner leur reconnaissance. Auguste prit celui de César; Tibère, celui d'Auguste; Adrien, celui de Trajan, etc. On sait que Valérien devait toute son élévation à l'Empereur Dèce, qui avait poussé l'affection jusqu'à se démettre en sa faveur de la fonction impériale de Censeur. Il était donc naturel que Valérien et son fils prissent le nom de leur bienfaiteur, tant qu'il fut en honneur, comme aussi qu'ils cherchassent à l'effacer, quand ce nom fut voué à la haine des Romains. Mais le peuple, qui échange si difficilement ses habitudes contre de nouvelles dénominations officielles, aurait continué, pour des causes à nous aujourd'hui inconnues, de le désigner sous ce nom primitif; et les rédacteurs des Actes, qui étaient du peuple et écrivaient pour le peuple, auraient aussi conservé le nom le plus populaire.

L'opinion que le tyran Dèce, qui mit à mort saint Laurent, ne jouissait pas de la dignité impériale, a été formellement professée par le bienheureux Jacques de Voragine, au XIIe siècle[1]. Il s'appuyait, comme il nous le dit lui-même, sur une chronique déjà ancienne de son temps. — Vincent de Beauvais, son contemporain, s'exprime à peu près dans les mêmes termes[2]. — C'est aussi ce que dit Martinus Polonus. — Belethlut dit également, dans un ancien écrit, que Gallien porta deux noms. — La même chose est affirmée par Golhofred, dans son livre intitulé *Panthéon*[3].

Le Sacramentaire de saint Grégoire[4], par l'insertion textuelle des Actes, semble aussi en admettre toutes les conséquences, et reconnaître que saint Laurent reçut la couronne du martyre au temps d'un Dèce César, et non sous l'Empereur de ce nom. C'est, en effet, ce qu'il admet quelques pages plus loin, dans l'Office de saint Hippolyte ; car dans l'oraison qui lui est consacrée, il est dit qu'il fut martyrisé sous Dèce César.

En appelant à notre aide les anciens Martyro-

[1] Jac. de Vor., *Légende dorée.*

[2] Vinc. de Beauv., *Speculum historiale.*

[3] *Pamelius, De Anno mortis sanctorum.*

[4] *Tommasi, Sacrament.*, 13 *August.*

loges, nous nous convaincrons qu'il est impossible de les expliquer en dehors de notre hypothèse.

Nous lisons dans le célèbre Martyrologe d'Adon, au quatrième jour des nones d'août[1] : « Mort de saint Etienne, Pape et martyr, sous Valérien et Gallien. » Ces mots nous démontrent évidemment que ce ne fut pas sous Dèce, mais sous Valérien qu'eut lieu le martyre de saint Laurent. Car, il est incontestable que le Pontife saint Etienne mourut avant son successeur, saint Sixte. Il est également hors de doute que Dèce régna avant Valérien et Gallien. Nous savons que le même auteur, Adon, a fait intervenir un Dèce César dans le martyre de saint Laurent. Comment donc a-t-il pu avancer que saint Etienne mourut sous Valérien, et son successeur six ans avant, sous Dèce?

Quels que soient les défauts que l'on ait à reprocher à cet auteur, il est impossible qu'une faute aussi grossière ait pu échapper à un homme jouissant du sens commun. D'ailleurs, Adon a laissé de trop nombreuses preuves de sa science et de son érudition, pour qu'il soit permis de s'arrêter à cette pensée injurieuse. Il reste donc constant

[1] Migne, *Patrol.*

que cet auteur, si bien instruit et par les anciennes traditions et par les Archives de l'Eglise Romaine, admettait nécessairement que le César dont il parlait n'était pas l'Empereur Dèce.

La Chronique des Papes par Anastase le Bibliothécaire présente les mêmes difficultés, également inexplicables en dehors de cette interprétation [1]. On y lit : *Sixtus, natione Græcus, fuit temporibus Valeriani et Decii.* On peut d'abord observer que l'ordre chronologique aurait demandé qu'il eût mis en première ligne : *Decii et Valeriani.* Mais on voit plus bas que telle n'était pas son intention. Après avoir dit que Sixte fut arrêté, *quia contempsit præcepta Valeriani*, il ajoute qu'il fut mis à mort sous Dèce, *sub Decio;* et trois jours après eut lieu le martyre de saint Laurent.

Un des Martyrologes d'Usuard, celui d'Hagenoyen, comprenait comme Anastase, et s'exprime d'une manière plus claire que celui d'Adon [2] : *Sanctus Laurentius passus est sub persecutione Decii minoris et Valeriani Imperatorum* : Saint

[1] Migne, *Patrol.*

[2] Id., *Patrol.*

Laurent souffrit le martyre pendant la persécution des Empereurs Dèce le Jeune et Valérien.

Nous avouons qu'il serait peut-être difficile aujourd'hui d'apporter des témoignages tirés des monuments contemporains, et capables de démontrer la vérité d'une façon péremptoire. On ne peut toutefois douter que ces documents n'aient encore existé au IVe siècle. Un sermon de saint Maxime nous en fournit une preuve assez convaincante, et distingue, à ne pouvoir s'y méprendre, le Dèce César de l'Empereur. « Dèce César, dit-il, était craint de tous : *Decius Cæsar ab omnibus timebatur*.... Le Lévite s'arma d'une admirable résolution pour ne pas livrer les trésors de l'Eglise à un homme soumis à l'Empereur, *homini qui esset Imperatori subditus*, mais pour les confier au Christ, auquel l'Empereur était soumis.... » Et plus loin : « Il combattait contre Dèce César, non pour la terre, mais pour le Ciel. »

Il ressort donc clairement de ces passages que ce César ne jouissait pas de la souveraine puissance. Saint Maxime ne nomme pas, il est vrai, l'Empereur qui commandait à cette époque ; mais comme nous savons d'autre part que ce ne pouvait être que Valérien, et que le seul César était son fils Gallien, il faut conclure que ce prince portait encore un autre nom dont le souvenir n'était pas perdu au temps où cette homélie fut écrite. Eusèbe et saint Jérôme, qui, s'ils ne sont pas contemporains de saint Laurent, ont vécu du moins avec ceux qui l'ont connu, marquent aussi sa mort sous un Dèce. Mais il faut bien croire qu'Eusèbe [1] entendait un autre Dèce que l'Empereur, puisque longtemps après celui-ci, sous Valérien, il parle de l'intronisation de saint Sixte sur la Chaire de saint Pierre, et que saint Jérôme fait mourir saint Cyprien sous les persécuteurs Dèce et Valérien, *sub Decio et Valeriano persecutoribus* [2]. Les quelques années qui séparent la naissance des uns de la mort de l'autre, ne sont pas un espace de temps suffisant pour faire tomber des hommes si savants dans un tel anachronisme [3].

Ainsi, en résumant les quelques mots de cette

[1] *Euseb., Chron.* édit. Migne.

[2] S. *Hieron. Oper.*, t. II, p. 69.

[3] Tous les Orientaux, comme saint Grégoire de Nazianze, Siméon, Métaphraste, Jean Zonara, sont unanimes pour mettre la mort de saint Laurent sous un Dèce César.

courte notice, on voit que le dévouement des Souverains Pontifes à recueillir les Actes des Saints n'a pu laisser tomber dans l'oubli un martyre aussi célèbre que le fut celui de saint Laurent; que les probabilités, dans le cas présent, se changent en certitude à la lecture des Pères, des livres liturgiques des premiers siècles; enfin, que la seule faute historique que l'on puisse reprocher à ses Actes, s'explique d'une manière satisfaisante, et ne peut en affaiblir l'authenticité.

Si l'on examine ensuite ces Actes en eux-mêmes, on n'y surprendra rien que de digne du profond respect au milieu duquel ils ont traversé les siècles. Tout est grand et noble dans le langage des Accusés; rien qui ne soit en harmonie parfaite avec ce que nous connaissons des mœurs des chrétiens à cette époque. Les monuments de l'ancienne Rome, la topographie des lieux y sont minutieusement décrits, et plus d'une de ces précieuses indications peut servir encore de guide sûr à l'archéologue moderne au milieu de ses recherches.

Qu'on ne veuille pas croire cependant que nous

ayons la pensée de vouloir faire remonter la rédaction définitive de ces Actes jusqu'aux jours précis du martyre. D'ailleurs, les Souverains Pontifes ont pris soin de nous témoigner eux-mêmes le contraire, en nous disant qu'ils corrigeaient toujours le *superflua aut minùs apta* de ces anciens écrits, et leur donnaient ainsi, par cette dernière rédaction officielle, une véritable sanction canonique.

C'est donc appuyé sur cette autorité des Pontifes Romains, sur celle des liturgies de l'Orient et de l'Occident, et des anciens Pères de l'Eglise, que nous présentons à la piété des fidèles ces admirables récits dans toute leur intégrité.

HISTOIRE

DE

SAINT LAURENT

CHAPITRE 1

CHAPITRE I

Naissance de saint Laurent. — Il quitte l'Espagne, sa patrie, pour accompagner saint Sixte à Rome.

> Sors de ta terre et de ta parenté, et viens en la terre que je te montrerai..., et je te bénirai, et je glorifierai ton nom.
> GEN. XII.
>
> *Mundum cum suo flore contempsit, patriam et omnia dereliquit.*
> S. BONAVENT. SERM. DE S. LAUR.

Sous l'Empereur Alexandre Sévère, vivait dans l'Espagne Citérieure le descendant d'une noble famille de ces contrées : il avait nom Orentius[1].

[1] Jusqu'au XVIIe siècle, on a toujours cru que les parents de saint Laurent étaient espagnols. C'est donc contre toute autorité qu'un auteur italien a osé dire : *Alcuni moderni si lusingano di sapere i nomi de' di lui genitori spagnoli.* (*Memorie della vita di S. Lorenzo* 1756. Anonyme.)

Lui-même n'avait pas dégénéré de ses illustres aïeux. A la richesse de leurs immenses domaines, il avait ajouté l'éclat des premières dignités de l'Empire, le Proconsulat[1]. Son épouse, Patientia, appartenait comme lui à l'ordre de la noblesse[2]. Tous les deux à la fleur de l'âge, maîtres d'une grande fortune, rehaussée encore par de brillants honneurs, par conséquent, environnés de tout le prestige du luxe et du pouvoir, ils semblaient devoir couler le reste de leurs jours dans la plénitude du bonheur désirable ici-bas, lorsqu'on les vit tout à coup abandonner ces joies de la terre, pour se retirer dans une humble maison de campagne aux environs de Saragosse. Les païens ne les comprirent pas, et les traitèrent d'insensés, comme ils le firent pour tant de leurs glorieux contemporains. C'est qu'eux aussi avaient reçu la Bonne Nouvelle : Orentius et son épouse étaient chrétiens[b].

[1] Saussaye et Tamaius, *Mart. Hisp.*

Fuit de Osca natus de magno genere, et in domibus magnorum enutritus. (S. Vincent Ferr. Serm. de S. Laur.)

[2] On lit dans le *Diario romano*, impr. de la R. Chamb. apost. : « 1° *Maggio. — S. Pazienza , madre di S. Lorenzo.* »

[b] Voir aux Pièces justificatives.

L'histoire ne nous apprend rien sur les moyens dont se servit l'Esprit Divin pour les gagner à la doctrine céleste; elle garde à peu près le même silence sur la vie de retraite qu'ils s'étaient choisie. A peine nous révèle-t-elle qu'étrangers aux fastes et aux attraits du siècle, comme les premiers chrétiens, adonnés à la pratique de toutes les bonnes œuvres, les pieux époux observaient avec amour et fidélité la loi divine que le Christ est venu apporter aux hommes.

C'est dans cette demeure paisible, qui jusqu'à nos jours a conservé le nom de Lorêt[1], que Patientia donna le jour à deux jumeaux, Orentius et Laurent[2]. Tous les deux furent saints, mais à un degré de gloire bien différent. Car, dans les ouvrages divins comme dans ceux de l'homme, il s'en trouve d'un prix plus rare et d'un travail plus achevé. Le nom du premier est à peine connu, tandis que celui de Laurent

[1] Cette maison de campagne était située à deux milles d'Huesca. Dans la suite on érigea sur l'emplacement une église, où, dès l'an 1270, existait une confrérie très-célèbre en l'honneur de saint Laurent. *Dormerus*, p. 2. *Andresius*, *F. Carillo*.

[2] *Uno ortû Patientia duos genuit filios, unum Laurentium et alium Orentium. Lectio* II *Brev. Oscen.* — Villegos, *Vie des SS. Tomaius, mart.*

a retenti jusqu'aux extrémités de la terre ; et l'éclat de son triomphe, ainsi que le prévoyait saint Léon, a survécu à ceux de la maîtresse du monde, depuis si longtemps tombés dans l'oubli.

En conservant si fidèlement sur la terre la mémoire de son serviteur, Dieu a voulu nous marquer combien sa vie et sa mort avaient été précieuses à ses yeux, et combien un pareil exemple devait être utile aux chrétiens de tous les siècles, pour leur aider à mépriser le monde présent et ses maîtres plutôt que de l'offenser.

Aussi, suivant la recommandation de saint Paul [1], de se rappeler souvent la foi et la mort des Saints de Jésus-Christ, saint Ambroise [2], saint Augustin [3], saint Léon le Grand [4], Prudence [5] le Pindare chrétien, et tant d'autres saints et grands personnages de l'antiquité ecclésiastique, se sont-ils fait un devoir et un mérite d'exercer leur génie à commenter les Actes admirables de ce martyre, qui, au rapport de l'un d'entre eux, ne

[1] *Ad Heb.* XIII. 7.

[2] *De Off.* I, *cap.* 41.

[3] *Serm.*

[4] *Id.*

[5] *Hymn.* II. Περὶ Στέφανων, *lib.* II, *cap.* 28.

laissa plus à Rome rien à envier à Jérusalem de celui d'Etienne, puisque déjà les vertus du jeune Diacre l'avaient égalé aux temps apostoliques [1].

Quelle fut l'éducation de Laurent? Comment se passa sa première enfance? — Ici tous les monuments sont muets. Comme celles du Sauveur, ses premières années s'écoulent dans le silence et l'obscurité, pour apparaître au monde déjà environnées de l'auréole de la sainteté.

La main dont Dieu se servit pour amener le jeune chrétien sur le théâtre de sa gloire, fut un des envoyés de l'Evêque de Rome, appelé Sixte [2], venu en Espagne pour terminer les différends qui s'étaient élevés dans cette Eglise, ou plus vraisemblablement, selon d'autres, parti comme un de ces Ouvriers Apostoliques qui quittaient de temps à autre le Siége de Saint-Pierre, pour aller annoncer la bonne nouvelle de l'Evangile.

Deux traditions seulement existent sur ses premières années. L'une, dans sa patrie, à Saragosse, qui revendique l'honneur d'avoir vu

[1] *Quàm clarificata est Jerosolyma Stephano, tam illustris fieret Roma Laurentio. S. Leo, Serm.* LXXXV.

[2] *Card. Aguirreno, Collect. Concil. Hisp.*, t. 1. *Tamaius, Sollerius, V. Aug.*

commencer chez elle l'éducation littéraire du jeune Lévite [1]; ce serait aussi dans son Université que Sixte fit connaissance de ce pieux jeune homme, et se lia avec lui de cette douce et sainte amitié qui ne finit qu'avec leur martyre. L'autre, à Gênes [2], où les deux Saints reçurent l'hospitalité des chrétiens de la ville, en se rendant à Rome. Et quand, plus tard, à quelques années de là, la renommée vint apprendre aux fidèles de Gênes le martyre étonnant du premier Diacre de Rome, ils se ressouvinrent de leur hôte, et lui consacrèrent un monument assez modeste, qui est devenu, avec les siècles, la superbe cathédrale de Gênes.

Après le départ de notre Saint, Dieu visita sa famille par la tribulation. Orentius perdit son épouse Patientia, qui rendit en paix son âme au Seigneur, dans la maison de Lorêt. Les tempêtes qui assaillaient sans cesse l'Eglise, les persécutions continuelles soulevées contre les adorateurs

[1] *Tamaius, Ant. Nebrissensis*; S. Vincent Ferrier, dans un sermon sur le Saint, dit de lui : *A puerorum etiam ludis semper abstinuit.*

[2] Jac. de Vorag., *in Suppl. chronol., lib.* VIII, *ad ann.* 260. Pierre Rossette, *in S. Laurent.* Jean Blakeus, *de Mund. Æt.*, édit. 1462.

du Christ, contraignirent Orentius d'abandonner sa patrie. Ce pouvait être à l'époque de l'Empereur Maximin. Le noble exilé vint, avec son fils Orentius, se réfugier dans les provinces du midi de la Gaule, au milieu des montagnes du Languedoc. Redire les merveilles qu'ils opérèrent dans ces contrées, rappeler comment le frère de Laurent fut revêtu de la dignité épiscopale pour gouverner les fidèles de l'Eglise d'Auch, serait s'écarter du but de cette histoire, et s'appuyer d'ailleurs sur des documents d'une autorité trop douteuse[1].

Après quelques années passées sur cette terre hospitalière[2], Orentius, voyant des jours meilleurs luire sur l'Eglise d'Espagne, revint dans sa patrie mourir auprès du tombeau de Patientia, dans cette maison de Lorêt, où ils reposent encore

[1] Si la légende de saint Orentius a été écrite par un auteur assez moderne, qui donne par son exagération quelque chose d'invraisemblable aux faits qu'il rapporte, il n'en est pas de même de la tradition immémoriale tant de l'Eglise d'Auch que de celle d'Espagne, qui accorde à cette ville Orentius pour évêque. La *Gallia christiana* a voulu élever ici quelques difficultés de chronologie ; mais à la croyance immémoriale des deux Eglises, on ne peut rien opposer de certain ni de raisonnable, puisque jusqu'au IVe siècle on n'a ni dates sûres ni catalogues complets.

[2] Como, *Tract. de glor. posth. S. Laur.*, p. 288. n° 22.

tous deux, au milieu de la vénération des fidèles, et des riches offrandes que les siècles ont amassées sur leur tombeau [c].

[c] Voir aux Pièces justificatives.

CHAPITRE II

CHAPITRE II

Instruction des Clercs. — Etat de l'Église à l'avènement de saint Sixte au trône pontifical. — Saint Laurent est établi Archidiacre. — Ses fonctions. — La persécution.

Tu surveilleras toute ma maison, et tout le peuple obéira à l'ordre de ta bouche ; le trône seul m'élèvera au-dessus de toi. GEN. XLI.

Isti sunt qui venerunt ex magnâ tribulatione. APOC. VII.

Outre la sainteté de vie et la puissance de l'exemple que l'Église demande de ses ministres, elle a encore, dans tous les temps, cherché à les environner de l'auréole de la science, toujours si nécessaire dans la conduite des âmes et à l'accomplissement de leur destinée. Pendant les persécutions et les temps difficiles des premiers

4

siècles, celle de Rome, en particulier, ne cessa de veiller avec le plus grand soin sur l'instruction de ceux qui se destinaient au ministère sacerdotal. Le premier des sept Diacres, alors la plus haute dignité après le pontificat, était chargé de cette fonction délicate ; à lui seul incombait le soin spécial de l'éducation des jeunes Lévites ; lui seul les présentait à l'Evêque au nom des fidèles, et assumait ainsi toute la responsabilité de leur conduite et de leur élection [1].

Cette charge difficile fut confiée à Sixte, au retour de ses missions lointaines. Nul n'en semblait plus digne. A la maturité de l'âge, aux épreuves et à l'expérience de l'apostolat, il joignait le don également précieux de la science. La Grèce l'avait vu naître. Avant sa conversion au christianisme, il professait la philosophie stoïcienne à Athènes, sa ville natale, et était devenu dans cette science un des maîtres les plus renommés de cette célèbre Université. Quelques

[1] *Epist. S. Clem., Decret. lib.* 1, *tit.* 23. *Archidiaconus post episcopum sciat se vicarium esse..... sive de doctrinâ ecclesiasticorum, vel cæterarum rerum de studio et delinquentium rationem coram Deo redditurus est.* Innocent III, Serm. de S. Laur. : *Summam post primam sive primam post summam.*

anciens mêmes ne font pas difficulté de lui attribuer le *Livre des Sentences* qui porte son nom [1].

Plus intimement rapproché de son premier maître, le jeune Laurent mit le dernier sceau à son amitié avec lui, amitié désormais plus forte que la mort, et qui le faisait s'écrier en le voyant conduire au supplice : « O mon père, laissez le diacre suivre les pas du maître; emmenez celui que vous avez instruit [2]. » Les leçons qu'il reçut, les sources où il puisa la science, nous les connaissons de la bouche même du Martyr. Il déclare aux tyrans que le but unique de ses études, à Rome, a été la Loi sainte du Seigneur.

De l'Ecole de Sixte sortirent encore deux Saints et deux Martyrs : saint Maximilien, évêque de Lorech, dans la Norique, et saint Pélerin, évêque d'Auxerre; et telle fut la sève apostolique et la divine fécondité que le premier Evêque d'Auxerre laissa dans son Eglise depuis surnommée *la Sainte*, que ses successeurs jusqu'au vingt-troisième, sans interruption, sont vénérés comme Saints [3].

[1] Rufin et saint Augustin.

[2] *Et nunc, pater, offer filium quem erudisti.* Act.

[3] *Histoire d'Auxerre*, par l'abbé Lebeuf.

Le mérite si connu de Sixte, qui l'avait fait passer par tous les degrés de la cléricature, le fit encore choisir par les fidèles, après quelques jours seulement d'interrègne, pour succéder au Pape saint Etienne [1]; car, dans ces jours, les Papes passaient vite sur la Chaire de saint Pierre, et la plupart payaient bientôt de leur tête le périlleux honneur d'y siéger.

Avant de continuer notre récit, peut-être ne serait-il pas inutile de remonter à quelques années de là dans l'histoire, pour montrer l'enchaînement des faits et les principaux traits de l'ensemble social à cette époque.

Aux lueurs d'espérance qu'avait fait naître le règne pacifique des deux Philippe, succéda, en deux cent quarante-neuf, la terrible persécution de Dèce, ses édits sanguinaires, pour contraindre les chrétiens à l'apostasie ou à la mort, mais à une mort accompagnée des supplices les plus inouïs et les plus raffinés : « de sorte, dit un auteur, qu'on ne sait de quoi le plus s'étonner, en lisant les combats de ces athlètes de la foi, ou de la cruauté des bourreaux qui les ont

[1] Le Pape saint Etienne fut martyrisé le 2 Août 257.

inventés, ou du courage des chrétiens qui les ont soufferts [1]. »

L'horrible proscription, dirigée principalement contre les Prêtres et les Evêques, ne pouvait épargner ceux de Rome, eux que Dèce, au rapport de saint Cyprien, redoutait déjà à l'égal d'un compétiteur à l'empire [2]. Aussi déchaîna-t-il une si grande tempête contre les fidèles dispersés, que, durant tout son séjour à Rome, ils ne purent se réunir pour choisir un Pasteur. Ce ne fut qu'à son départ, seize mois après la vacance du Saint-Siége, qu'ils élurent le Pape saint Corneille, tandis que le César persécuteur, poussé par la main de Dieu, allait périr misérablement au milieu des marais de la Thrace, dans une guerre contre les Barbares.

La haine de Gallus contre le nom chrétien éclate encore, malgré la brièveté de son règne, par l'exil du Pape Corneille à Centumcelles, où l'auguste Pontife mourut en paix. Un des appuis

[1] Fleury, *Hist. eccl.*, liv. VII.

[2] *Cùm tyrannus infestus sacerdotibus Dei fanda et nefanda comminaretur, cùm multò patientiùs et tolerabiliùs audiret levari adversùs se æmulum principem, quàm constitui Romæ Dei Sacerdotem.* *Epist. ad Antonianum*, 55.

les plus fermes de ce saint Pape dans le gouvernement de l'Eglise, et surtout dans l'extirpation du schisme des Libellatiques et des Novatiens [1], fut Thascius Cyprien, évêque de Carthage, une des plus grandes lumières de l'Eglise. On le voit continuellement prendre part aux grandes affaires qui s'agitent de son temps dans le monde chrétien. Les Evêques de l'Orient et de l'Occident, comme ceux de Rome, étaient en relation continuelle avec lui.

Mais à peine l'avénement de Valérien au trône impérial eut-il rendu la paix à l'Eglise, que cette belle harmonie des Evêques catholiques faillit être troublée, à l'occasion de la question du baptême des infidèles. La vivacité avec laquelle on traita cette question de part et d'autre, fit craindre de voir un schisme s'élever avec le Saint-Siége.

Les Evêques d'Afrique, ayant à leur tête saint Cyprien, assemblèrent plusieurs conciles pour s'opposer aux décrets du Pape saint Etienne. Les Orientaux en firent autant, sans cependant pouvoir ébranler le Pontife. Plein de cette noble fermeté qui convient au Chef de l'Eglise, il résista aux

[1] Eusèbe, *Hist.* VI. 45.

Asiatiques d'abord, ensuite aux Africains. Opposant aux uns et aux autres une tradition plus authentique et plus constante que la leur, il sut les confondre, et les menaça même de les séparer de sa communion. La discussion fut presque terminée à sa mort. Après avoir continué faiblement sous ses successeurs, elle finit par la soumission et le bon accord.

Tel était l'état de l'Eglise quand saint Sixte fut appelé à monter sur la Chaire de saint Pierre [1].

La place d'Archidiacre, devenue vacante par sa promotion, fut confiée à son disciple bien-aimé, tant les vertus et les talents qu'il avait déjà déployés dans le clergé de Rome, inspiraient de confiance, et faisaient compter sur son dévouement pour une charge aussi difficile!

Quand saint Laurent fut ainsi mis à la tête des sept Diacres, qui, à l'imitation des sept élus par les Apôtres à Jérusalem, présidaient aux différents quartiers de la ville, il n'avait pas dépassé ce que l'on pourrait appeler le milieu de la vie commune; par conséquent, il était encore dans toute la fleur de la jeunesse et la beauté de

[1] Saint Sixte fut élu le vingt-quatrième jour d'Août de l'année 257

l'âge [1]. C'est du moins le souvenir que nous en a laissé la tradition, d'accord avec les monuments qui ont survécu aux ruines du temps.

Aujourd'hui encore, quand le pèlerin ou le voyageur visite une des chapelles retirées du Quirinal, on lui montre la tête sacrée d'un Martyr; les yeux vitreux, la chair grillée, tous les traits rétrécis et contractés prouvent assez qu'elle a passé par le feu : c'est la tête du Grand Archidiacre de Rome. Cependant, dans ces traits altérés, tristes débris du feu et des siècles, on distingue encore de précieux restes de cette beauté extérieure dont les premiers Pères nous ont laissé le souvenir, et qui, deux siècles plus tard, était encore proverbiale; on disait *beau comme saint Laurent* [2]. A part ce seul trait que saint Augustin et quelques anciens n'ont pas dédaigné de recueillir [3], nous n'avons rien de caractéristique sur la personne du Saint.

Suivons-le maintenant dans l'accomplissement

[1] *In ipso juventutis suæ flore, decorem juventutis suæ decoravit. S. Pet. Chrys., Serm.* CXXXV.

[2] *Vie de S. Epiphane, évêque de Pavie*, écrite par S. Ennodius.

[3] *Beatus Laurentius habitu, vultu... decorus. S. Aug. Serm.* XXXVIII. — *Vultu pulcherrimo. Antiph. S. Greg.*

du ministère qui lui a été confié. Les principales fonctions attachées à sa nouvelle dignité étaient d'assister le Souverain Pontife, de dispenser les divins mystères aux fidèles, de prendre soin des pauvres, des infirmes, des vierges consacrées à Dieu [1]. Il ajoutait à ces obligations communes à tous les Diacres l'administration des domaines de l'Eglise et des oblations ecclésiastiques; car, dès cette époque, comme on le sait, l'Eglise Romaine possédait quelques fonds de terre, un grand nombre de maisons et de palais même dans la ville [2]. L'argent qu'elle recevait de la piété des fidèles et de ses plus riches enfants, était employé à la rétribution des Clercs, au soulagement des pauvres, ou bien distribué aux Eglises pauvres et indigentes des contrées les plus éloignées. L'Egypte, l'Assyrie, l'Arabie éprouvaient tour à tour la sollicitude et les bienfaits de l'Eglise-Mère de tous les fidèles. C'est ce qu'attestent encore les lettres de gratitude envoyées aux Evêques de Rome par saint Denis d'Alexandrie [3].

[1] Tomassin, *De Benef. pars* I. *l.* 1, *c.* 20.

[2] Tomassin, *pars* III. *l.* 1. *c.* 3. — Eusèbe, l. VI. 43.

[3] *Syriarum provinciæ omnes cum Arabiâ, quibus identidem*

C'était donc sur l'Archidiacre Laurent, gardien fidèle et dispensateur équitable de tous ces biens, que pesait le fardeau de cette grande administration. Les Papes, sans être entièrement étrangers à ces détails matériels, à l'exemple des saints Apôtres [1], s'adonnaient plus spécialement à la prédication, à la prière, à l'administration des sacrements. Comme eux, ils ne pensaient pas qu'il fût juste de cesser de veiller à la pureté des mœurs et de la doctrine, d'abandonner la parole de Dieu, le dépôt de la foi, pour le service des tables.

« Laurent, au milieu des trésors, des riches présents, de tant d'or que les fidèles et l'Eglise confiaient à ses mains, était pauvre cependant, nous dit saint Pierre Chrysologue, et vivait de la vie des pauvres [2]. » Il savait, ce fidèle ministre, que si Dieu demande aux puissants de ce monde un compte exact de leurs richesses, plus sévère et plus rigoureux encore sera celui qu'il demandera des biens de l'Eglise, patri-

suppeditatis. Lettre de S. Denis au Pape S. Etienne. Eusèbe, l. VIII.

[1] Actes des Apôtres, VI.

[2] S. Pierre Chrys., serm. CXXXV.

moine du Christ et des pauvres, prix des péchés !

Aussi, ce fut précisément la fidélité scrupuleuse dans la gestion des revenus de l'Eglise, et l'observation des devoirs sacrés qu'elle impose, qui lui valurent la palme du martyre [d].

Nul symptôme ne présageait l'approche d'une persécution pour les chrétiens, quand Valérien prit les rênes de l'empire. Prince d'un caractère doux et porté à la clémence, il se montra rempli de bienveillance à leur égard, les favorisa même plus qu'aucun de ses prédécesseurs, sans en excepter les Philippe qui passaient pour chrétiens. « Son palais, dit Eusèbe, était rempli d'adorateurs du vrai Dieu; vous l'eussiez pris plutôt pour une Eglise avec ses différents ministres que pour une demeure profane [1]. »

Vers l'année deux cent cinquante-sept, obligé de passer en Orient pour repousser les Barbares qui envahissaient l'empire de tout côté, ce prince

[d] Voir aux Pièces justificatives.

[1] . . . . . . *Adeò se ab initio mitem et placidum nobis præbuit : tota namque domus ejus divini Numinis cultoribus plena erat, eaque prorsùs nihil aliud quàm Dei Ecclesia esse videbatur.* Eusèbe, l. VI.

eut encore la douleur de voir son armée et une partie des provinces romaines ravagées par la peste. Ces malheurs réunis exercèrent une fâcheuse influence sur son esprit naturellement faible. Il crut trouver dans les secrets de la magie le seul remède efficace à toutes ces calamités. Alors sans cesse obsédé par une troupe de devins d'Egypte qui prescrivaient à sa superstition les sacrifices les plus infâmes et les plus inhumains, il se laissa enfin persuader par eux que le seul obstacle à son bonheur personnel et à celui de son empire, c'étaient les adorateurs du Christ [1].

L'homme de sa confiance, Macrien, ministre aussi difforme de corps que vicieux dans l'âme, ne contribuait pas peu à entretenir le prince dans ces idées de haine, et à le pousser par tous les moyens possibles à des mesures de rigueur contre eux. Dès lors Valérien commença à éloigner les chrétiens de sa cour et à leur retirer ses faveurs; il y eut même çà et là dans les provinces quelques fidèles qui souffrirent le martyre; toutefois,

[1] *Atque his rebus felicem se et beatum fore est opinatus.* Eusèbe, l. VI.

sans ordre émané du trône, la persécution n'était pas encore devenue générale.

L'Eglise, toujours résignée mais prudente, n'ignorait pas les dispositions secrètes de l'Empereur. Aussi s'attendait-elle à voir reparaître les édits violents, et le sang des chrétiens inonder l'empire. Tout à coup le bruit se répand que Valérien, du fond de l'Asie, vient d'adresser contre eux un nouveau rescrit au Sénat[1]. Déjà même une vague rumeur l'avait appris à Carthage. Aussitôt saint Cyprien, en Pasteur vigilant, députe un de ses Clercs à Rome afin de s'informer plus exactement de la vérité, et de se ménager ainsi le temps de prémunir les faibles à l'approche du danger, et de fortifier les soldats de la foi pour le combat. Nous connaissons le résultat de ce message par un document contemporain, la lettre même de saint Cyprien à Successus, un des Evêques de sa Province. Elle est ainsi conçue :

[1] Cet édit, qui fit mettre à mort un si grand nombre de chrétiens, et fut la cause en particulier du martyre de saint Laurent, attira sur son auteur une terrible punition de la part de Dieu. Valérien ayant été pris par Sapor, roi des Perses, ce prince barbare se servait de l'empereur romain, du persécuteur des chrétiens, comme de marche-pied pour monter à cheval. Après sa mort, sa peau fut peinte en rouge et suspendue dans un temple.

« Cyprien à son frère Successus, salut.

» Placé continuellement sous le coup de la persécution, je n'ai pu, très-cher frère, vous envoyer plus tôt cette lettre. Sachez donc que les messagers envoyés à Rome pour prendre connaissance de ce qui nous concerne dans l'édit, sont de retour. Sans nous arrêter aux vains bruits qui courent, il est certain que Valérien a écrit au Sénat des lettres contre nous; en voici la teneur : — « Les Evêques, les Prêtres, les Diacres seront » incontinent mis à mort. Les Sénateurs, les » hommes illustres, les Chevaliers romains per- » dront leurs dignités; leurs biens seront confis- » qués. S'ils persévèrent dans la profession du » Christianisme, ils seront mis à mort. Les Dames » de qualité seront envoyées en exil, et leurs » biens confisqués. Les Césariens ou affranchis » de César, qui ont professé, ou professent encore » le Christianisme, seront de nouveau réduits en » servitude, et envoyés, chargés de chaînes, pour » cultiver les domaines de l'Etat. »

— L'Empereur a joint à ces lettres la copie de celles qu'il a adressées aux gouverneurs de provinces. Nous attendons ces lettres à chaque instant, nous confiant dans le secours et la miséricorde du Seigneur, qui nous donnera la force de supporter les souffrances pour parvenir à la gloire. Sachez que Sixte a été martyrisé avec quatre des siens, dans le Cimetière, le 8 des Ides d'Août. — Les Préfets redoublent chaque jour d'activité dans la recherche des chrétiens : aussitôt découverts, ils sont mis à mort, et leurs biens confisqués [1]. »

On voit, par cette lettre, que l'édit de Valérien au Sénat différait de ceux qui furent envoyés dans les provinces, et, par conséquent, que toute la violence de la persécution devait peser, comme de coutume, sur Rome, cité privilégiée des Martyrs, ses Diacres, ses Prêtres et surtout

[1] *Ut Episcopi, et Presbyteri, et Diaconi incunctanter animadvertantur. Senatores verò, et viri egregii, Equites romani, dignitate amissâ, etiam bonis spolientur; et, si, ademptis facultatibus, christiani esse perseveraverint, capite quoque mulctentur. Matronæ, ademptis bonis, in exilium relegentur. Cæsariani quicumque, vel priùs confessi fuerant, vel nunc confessi fuerint, confiscentur, et vincti in cæsarianas possessiones descripti mittantur. — Subjecit quoque Valerianus orationi suæ exemplar litterarum quas ad Præsides provinciarum de nobis fecit. Xistum autem in Cœmeterio animadversum sciatis octavo Iduum Augustarum die, et cum eo quatuor.* (Avec Baluze j'ai lu *Quatuor* au lieu de *Quartum*.) *Epist. S. Cypr.*

son Pontife. En effet, comme saint Cyprien nous l'apprend, le souverain Pontife Sixte avait déjà été arrêté avec deux de ses Diacres, Félicissime et Agapit, et quelques autres Clercs, au moment où il se disposait à célébrer les saints mystères.

Ici commence la narration des Actes, auxquels nous laisserons raconter la passion des Martyrs dans toute la simplicité du récit primitif.

CHAPITRE III

CHAPITRE III

Arrestation de saint Sixte; il promet à saint Laurent le martyre dans trois jours, et lui confie les trésors de l'Église.

Fortis est ut mors dilectio. CANT. VIII.

Aussitôt que l'arrestation du Pontife de Rome fut connue des Préfets qui gouvernaient la ville en l'absence de l'Empereur, ils vinrent en grande hâte annoncer cette heureuse nouvelle à un prince du nom de Dèce, fils de l'Empereur, sans doute; car il avait été nommé César, et exerçait l'autorité principale sur eux tous, même sur le Préfet des Prétoriens.

En attendant qu'il plût au tyran de le faire comparaître devant lui, l'auguste prisonnier fut relégué avec ses clercs dans les prisons publiques. Durant le court espace de temps qu'il y resta, les chrétiens s'empressaient de venir lui donner des marques de leur vénération filiale. « Un grand nombre s'y rendaient, disent les Actes, pour recevoir la bénédiction du Sacrement[1], parce que le temps de la persécution approchait. D'autres lui amenaient leurs enfants et leurs proches qui avaient renoncé à l'idolâtrie, et aspiraient à être régénérés dans les eaux du baptême par le bienheureux Evêque.

Enfin, Dèce César et Valérien, Préfet des Gardes Prétoriennes[2], en même temps juge suprême de la justice civile et criminelle dans Rome, se firent présenter l'accusé[3]. Mais les défaites qu'ils avaient peut-être déjà essuyées, et

[1] *Veniebant autem ad eos multi christiani ut Sacramenti benedictionem acciperent, quia tempus persecutionis urgebat.* Act.

[2] *Valerianus, Præfectus Prætorii. Acta S. Laur.*, manuscrit du xe siècle de la bib. Cassanate, n° III, O A.

Cette charge de Préfet du Prétoire, inconnue sous la République, était de création impériale, et avait absorbé successivement, depuis le règne de Tibère, presque toute la puissance tant civile que militaire. Celui qui en était investi remplissait souvent aussi les devoirs de juge suprême de la justice criminelle, dans la ville.

celles qu'ils prévoyaient de la part d'un semblable adversaire, ne leur permettaient pas d'admettre un grand nombre de témoins à l'interrogatoire. C'est pourquoi il eut lieu de nuit, et ce fut dans le palais Telluré [1], situé sur le Forum de Nerva [2], où de nos jours s'élève la petite Eglise de Sainte-Marie, surnommée *la Boucherie des Martyrs.*

Avant l'arrivée du tyran à son tribunal, le vieux Pontife, se tournant vers les siens, leur dit :

« Mes frères et mes amis, montrez-vous fermes et courageux ; rappelez-vous l'exemple des Saints qui tous ont souffert avant nous, pour obtenir la couronne de l'immortalité. Souvenez-vous de notre premier modèle, Jésus-Christ, notre Dieu et Seigneur, qui a souffert la mort pour nous. »

Puis, élevant la voix il ajouta :

[1] Le temple de la déesse Telluré, le même qu'Ops, Cybèle ou la Terre, était un des plus renommés de l'ancienne Rome. Publius Sempronius venait de livrer bataille à l'ennemi, dans les plaines d'Ascoli, lorsqu'un tremblement de terre effraya ses soldats. Le capitaine, pour calmer la déesse, lui promit un temple qui en effet lui fut élevé vers l'an 490 de Rome. Rebâti plusieurs fois, il avait fini par acquérir une magnificence extraordinaire ; le sénat s'y réunissait dans les grandes occasions, et Cicéron y plaida souvent en faveur de malheureux proscrits.

En 1825 on découvrit près de l'église Sainte-Marie, sous l'emplacement de l'ancienne tour des Conti, une partie de ce temple.

[2] A l'extrémité des rues *Croce bianca* et *Tor de' Conti*, on voit encore les restes bien conservés du Forum de Nerva.

« Que personne ne succombe par la crainte des tourments. »

Ses deux diacres Félicissime et Agapit répondirent :

« Et où irions-nous sans notre Père ? »

Dèce César, siégeant sur son tribunal, assisté de Valérien, Préfet du Prétoire, commença en ces termes l'interrogatoire, en s'adressant à l'Evêque de Rome :

« Tu connais, lui dit-il, la cause pour laquelle tu comparais devant nous ? »

Le saint Evêque répondit :

« Oui assurément, je la connais. »

Dèce dit :

« Eh bien ! si tu la connais, fais que tous la connaissent encore ; tu pourras ensuite aller en paix, et augmenter le nombre de tes clercs. »

Le saint Evêque répondit :

« C'est ce à quoi j'ai toujours travaillé, et travaille maintenant encore. »

Dèce dit :

« Sacrifie donc aux dieux immortels, et je t'établirai Prince des Prêtres. »

Le bienheureux Sixte répondit

« J'ai sacrifié et sacrifie tous les jours à Dieu, le Père tout-puissant, à Jésus-Christ son Fils, notre Seigneur, et au Saint-Esprit, une hostie pure et immaculée. »

Dèce dit :

« J'ai pitié de ta vieillesse ; aies-en donc pitié toi-même, et ne livre pas ainsi sans raison les tiens à la mort. »

Le bienheureux Sixte répondit :

« J'ai toujours mis mes soins à me préserver, moi et mes clercs, de la mort éternelle. »

Dèce dit :

« Sacrifie aux dieux, ou le supplice ignominieux qui t'attend, servira d'exemple à tous les chrétiens. »

Le bienheureux Evêque répondit :

« J'ai déjà dit que je n'offre de sacrifice qu'à Dieu, et à son Fils Jésus-Christ, notre Seigneur. »

Dèce, s'adressant aux soldats, dit :

« Conduisez-le au temple de Mars [1] pour sacri-

[1] Le temple de Mars s'élevait sur la droite de la voie Appienne, un peu au delà de la porte Capena. Il fut reconstruit avec beaucoup de magnificence par Sylla. Ovide et Tite-Live en parlent. Pavinius, p. 103. Aringhi, *Rom. subter.*, l. III, c. 10, n° 9.

fier; s'il refuse de le faire, qu'il soit mis au secret de la prison Mamertine. »

Pour affermir le courage du Pontife et des siens, la Providence permit qu'on les conduisît au grand temple de Mars, situé sur la voie Appienne[1], sur cette voie qui avait vu si souvent Sixte passer, et se rendre à ces mêmes Catacombes sous lesquelles étaient déposés les saints Pontifes martyrs, ses prédécesseurs, et où reposaient alors les corps des saints Apôtres Pierre et Paul[2]. Aussi, regardant avec pitié les idoles du temple, il dit à ceux qui l'entouraient :

« Quoi! malheureux! c'est à ces statues sourdes et muettes, ouvrages de vos mains, que vous sacrifiez! Loin de porter secours aux autres, elles ne peuvent rien pour elles-mêmes. Ecoutez-moi, mes enfants; ne redoutez pas pour votre âme les

[1] La solidité, la longueur de cette voie, le nombre et la magnificence des mausolées dont elle était bordée à droite et à gauche, lui avaient mérité le nom glorieux de Reine des routes, *Regina viarum*. Elle fut construite en 442 par le consul Appius, et malgré vingt-trois siècles d'existence, c'est encore, de nos jours, le même pavé que l'on foule aux pieds.

[2] A l'approche de la persécution, saint Sixte avait fait retirer le corps de saint Pierre de la Catacombe Vaticane, et celui de saint Paul de celle de la voie d'Ostie, pour les transférer à celle de Callixte, où ils étaient plus en sûreté. Baronius, *ann.* 261. Pagi *adnot.*

tourments de cette vie qui passe, mais craignez plutôt ceux qui sont éternels. Faites pénitence, car c'est par ignorance que vous avez péché en adorant des idoles. »

Les soldats, voyant ainsi l'inutilité de leur démarche, se hâtèrent d'interrompre le discours du Pontife, et le conduisirent à la prison Mamertine [1].

Occupé des nombreux devoirs qu'exigeait sa charge, Laurent était absent quand saint Sixte tomba entre les mains des persécuteurs. A la nouvelle de l'arrestation de son Maître et de son Père, il accourt, non pour tenter de le délivrer, mais pour mourir avec lui, et, par un dernier combat, mériter comme lui la palme du martyre.

[1] Cette prison doit son nom à Ancus Martius, quatrième roi de Rome, qui la fit creuser dans le roc même du Capitole. Située presque à mi-côte de la montagne, elle se compose de deux cachots placés l'un au-dessus de l'autre. A vingt-cinq pieds sous terre se trouve le cachot supérieur, appelé proprement prison Mamertine. On y pénètre par un escalier de construction moderne. Au-dessous de ce premier cachot en est un second, plus étroit, plus bas, plus humide et totalement privé de lumière : c'est la prison Tullienne, ou le Secret de la prison Mamertine. Elle doit son nom et son origine à Servius Tullius, sixième roi de Rome. Sous les Romains, il n'y avait ni escalier ni porte : on y glissait les condamnés par une ouverture circulaire pratiquée au centre de la voûte, et qui est encore fermée par une forte grille de fer. Saint Pierre y fut enfermé avant son martyre.

Ce fut après cette première et éclatante confession du nom de Jésus-Christ, lorsqu'il se rendait à la prison Mamertine, qu'eut lieu, entre le Vieillard et le jeune Lévite, l'admirable entrevue tant célébrée des Pères de l'Eglise; scène sublime dont seule la religion du Christ puisse offrir l'exemple. Voyant son Evêque entraîné par les soldats, il se prosterne à ses pieds, et s'écrie, les larmes aux yeux :

« Où allez-vous, mon Père, sans votre fils? où allez-vous, Pontife, sans votre Diacre? Jamais vous n'avez offert le Sacrifice sans moi. En quoi ai-je donc eu le malheur de vous déplaire? Eprouvez-moi de nouveau; et voyez si vous avez fait choix d'un indigne ministre pour la distribution du Corps et du Sang du Seigneur auxquels je faisais participer les fidèles. Voici maintenant que vous me rejetez de votre dernier Sacrifice! Votre courage mérite sans doute des louanges; mais l'abjection du disciple retombera sur le maître. Car, quoi de plus beau pour lui que de vaincre par son élève! Abraham offrit son fils en holocauste; Pierre se fit précéder d'Etienne. Montrez plus de grandeur d'âme envers un fils que vous avez instruit, afin de ne parvenir à la gloire qu'entouré de vos lévites. »

Le Pontife, se tournant vers ce jeune homme qu'il avait toujours aimé d'un amour de prédilection, lui dit :

« Je ne vous laisse pas, mon fils, je ne vous abandonne pas : de plus grands combats vous attendent. Pour Nous, vieillard, un léger effort nous mérite la couronne; mais un triomphe plus glorieux sur le tyran vous est réservé, à vous, magnanime jeune homme. Vous viendrez après moi; séchez vos pleurs : dans trois jours le Lévite suivra le Pontife. Ce délai est nécessaire. Vous n'avez pas besoin pour vous conduire à la victoire d'un Chef qui soutienne et affermisse votre courage dans les supplices. Je vous laisse tout ce que je possède. A quoi puis-je encore vous être utile? Elie quitta, il est vrai, Elisée, mais en lui laissant sa vertu. »

Puis, il ajouta encore :

« Je vous confie, mon frère, tous les trésors de l'Eglise; distribuez-les à ceux qu'il vous semblera bon [1]. »

[1] S. Ambr., *Off.*, l. I. c. 41.

Ah ! que différentes sont les voies du siècle de celles des enfants de Dieu ! Quand, au terme de la vieillesse la plus longue, plus encore dans les beaux jours de la jeunesse, la mort fait sentir son approche dans des cœurs qui n'ont plus foi en Celui qui est la résurrection et la vie, pour eux, c'est vraiment alors qu'apparaît, selon le langage des Ecritures, le Roi des épouvantements ; surtout s'il faut rompre avec le cours des plaisirs, se détacher des biens, des richesses et des jouissances de toute sorte.

Le jeune Lévite venait d'hériter de tous les biens de l'Eglise ; quelle riante perspective c'eût été pour un enfant du monde ! Mais celui qui avait depuis longtemps étanché sa soif à la source d'eau vive, ne pouvait puiser à ces fontaines sans eau, ni porter ses lèvres à la coupe empoisonnée des richesses : pesant fardeau, inutile présent, qui ne fait que retarder l'heure du martyre et l'accomplissement de la promesse.

CHAPITRE IV

CHAPITRE IV

Saint Laurent distribue les trésors de l'Église. — Mort de saint Sixte. — Saint Laurent devant le César Dèce.

Dispersit dedit pauperibus.
PS. III.

Sublimes animas rapuit sibi regia cœli
Hic comites Xisti portant qui ex hoste trophæa,
Hic numerus procerum servat qui altaria Christi.
(INSCRIPTION DE S. DAMASE.)

Quand saint Laurent reçut ainsi, pour sa consolation, de la bouche de saint Sixte, l'assurance de son prochain martyre, l'heure devait être avancée, et le jour pencher à son déclin, si nous en jugeons, du moins, par la première démarche qu'il entreprit en se rendant au mont Cœlius. Car lorsqu'il y arriva, les ténèbres couvraient déjà la terre. L'ardeur immense qu'il avait de mourir pour Jésus-Christ, ne pouvait lui laisser un instant de repos, avant de s'être délivré des derniers obstacles, d'avoir rompu les derniers liens qui le retenaient à la terre.

Sachant que les diacres étaient arrêtés, les prêtres et les clercs en partie dispersés, il craignit de voir son riche dépôt tomber bientôt entre les mains des persécuteurs, s'il ne se hâtait, dans les derniers instants de liberté qui lui restaient, de prévenir leurs criminels desseins, et de le confier à des mains sûres. Il pensa alors à ses meilleurs amis, et à ceux de Jésus-Christ, les fidèles pauvres de l'Eglise.

Sur le lieu même où il commença la distribution de ces trésors, dans l'antique Eglise de Sainte-Cyriaque, au mont Cœlius [1], cette scène a

[1] L'Eglise de Sainte-Cyriaque porte plusieurs noms. On la nomme Sainte-Marie della Navicella, à cause d'une petite barque antique en marbre blanc, que l'on trouva dans le voisinage, et dont Léon X fit placer la copie devant l'Eglise même. On l'appelle plus communément Sainte-Marie *in Dominica*, du nom de sa fondatrice; car le mot *dominica* n'est que la traduction du grec κυριάκα (*cyriaca*). Au XVIe siècle elle fut restaurée par ordre de Léon X; Michel-Ange fit le portique, Raphaël le dessin de l'intérieur; Jules Romain et Pierre del Vaga peignirent la frise. La mosaïque du sanctuaire, encore toute resplendissante d'or et d'azur, remonte au temps du Pape Pascal I, et date de l'année 817.

été fidèlement reproduite dans les fresques de l'abside.

— On voit, aux pieds du jeune Lévite, l'argent monnayé, les riches vases d'or à l'usage du Sacrifice, dont il se dispose à gratifier la foule de chrétiens et quelques clercs qui l'entourent. — Plus loin, il est à genoux devant eux et leur lave humblement les pieds.

— Dans le troisième tableau, on a représenté une femme prosternée devant le Saint; celui-ci, debout, les yeux au ciel, lui dépose sur la tête le linge dont il vient de se servir dans le lavement des pieds. Cette femme était la pieuse veuve Cyriaque, dont la demeure servait d'asile aux fidèles persécutés [1]. Depuis la mort de son époux, entièrement consacrée à Dieu, elle avait mis à la disposition de l'Eglise son immense fortune; car elle descendait des Empereurs [2]. Par ses soins, une Catacombe avait été ouverte dans l'une de ses possessions sur la route de

[1] *Hæc fuerat cum viro suo annis undecim, et in viduitate sincerissimâ permanserat annis triginta duobus.* Bosio, *Rom. subter.*, *lib.* III, *cap.* 29.

[2] De l'Empereur Aulus Vitellius. Como, *De Sanct. B. Laur.*, p. 48.

Tibur. Son palais même du Cœlius, consacré à la religion, était devenu le titre du premier Diacre [1].

En proie depuis quelque temps à de violentes douleurs de tête, lorsqu'elle vit s'éloigner le futur Martyr, elle se jeta à ses pieds en disant :

« Je vous conjure, par le Christ, de m'imposer les mains. »

— Puisque vous me le demandez au nom de Notre-Seigneur Jésus-Christ, Fils du Dieu tout-puissant, lui répondit le saint Diacre, je poserai mes mains sur votre tête.

Et il posa ses mains sur la tête de la veuve Cyriaque, ainsi que le linge avec lequel il avait essuyé les pieds des Saints; et la santé fut la récompense de la charité et de la foi de la veuve romaine.

La même nuit, toujours à la recherche des chrétiens cachés soit dans les maisons particulières, soit dans les Catacombes, saint Laurent se rendit, au sortir de la demeure patricienne, dans le séjour de l'indigence et de la misère,

[1] La dignité d'Archidiacre, avec toutes les prérogatives qui y étaient attachées, comme au temps de saint Laurent, se conserva jusqu'à Grégoire VII, qui y substitua celle du cardinal camerlingue. *Bartolomeo*, *Emerologio sacr.*

dans le quartier des Canaries[1]. Un chrétien nommé Narcisse, qui, plus tard, à son tour, donna sa vie pour Jésus-Christ, avait secrètement recueilli dans sa maison un grand nombre de fidèles. Comme aux premiers, le pieux Lévite leur lava les pieds, et leur distribua les secours dont le bienheureux Sixte l'avait rendu le dispensateur. Parmi eux se trouvait un aveugle du nom de Crescence, qui le supplia avec larmes, disant :

« Imposez vos mains sur mes yeux, afin que je contemple votre visage. »

Le Bienheureux ne put voir sans être attendri la foi de cet homme ; il lui dit :

« Que Notre-Seigneur Jésus-Christ, qui a ouvert les yeux à l'aveugle-né, vous fasse voir la lumière. »

Et le Saint ayant fait le signe de la croix sur les yeux de l'aveugle, ils furent ouverts, et virent la lumière et le bienheureux Laurent, ainsi qu'il l'avait souhaité [2].

[1] Ce quartier occupait les abords de la Cloaca-Massima, et le lieu où s'élève maintenant l'Eglise de Saint-Georges *ad Velum Aureum.*

[2] La fête des SS. Narcisse et Crescence se célèbre le 17 Septembre. On croit qu'ils faisaient partie de ces nombreuses troupes de chrétiens que Dioclétien employa à bâtir ses Thermes, et qui moururent la plupart de fatigue.

De là saint Laurent dirigea ses pas vers le pied du Viminal, dans la région du *Vicus Patricius* [1], quartier célèbre et bien connu aux premiers jours de l'Eglise. Saint Pierre, en arrivant à Rome, y avait établi sa demeure, et réuni la première communauté chrétienne dans la maison de son hôte, le Sénateur Pudens [2]. C'est de cette première *Eglise-du-Pasteur* que, pendant trois cents ans, les Pontifes de Rome envoyèrent dans les diverses contrées du monde tant d'Evêques porter la foi et y mourir.

Dans le voisinage de cette Basilique, dans l'intérieur peut-être, s'ouvrait la Catacombe Népotienne [3]. Sachant qu'elle servait de refuge à

[1] Le *Vicus Patricius*, ou quartier des patriciens, dut son nom aux patriciens relégués en ce lieu par Servius Tullius, qui voulait leur empêcher de former de nouvelles conspirations.

[2] Novat et Timothée, ainsi que sainte Praxède et sainte Pudentienne, étaient les enfants du sénateur Pudens, qui reçut saint Pierre dans sa maison, et la lui abandonna pour être consacrée à Dieu. Elle porta dans les premiers siècles le titre du *Pasteur*; de nos jours, c'est l'Eglise de Sainte-Pudentienne.

[3] « On ne peut douter, dit Bosio, de l'existence d'une vaste Catacombe sous cette Eglise; car saint Etienne, qui avait coutume d'y tenir les réunions chrétiennes, y baptisa une fois jusqu'à cent huit personnes. » Cependant, cet antiquaire pense qu'il faudrait peut-être lire *Novatienne*, au lieu de *Népotienne*, à cause des Bains de Novat qui en étaient proches. Ces Thermes portaient plus souvent encore le nom de son frère Timothée. Saint Justin, venu de l'Orient pour défendre la foi, habita

un grand nombre de chrétiens pendant la persécution, saint Laurent descendit seul dans ces sombres demeures souterraines, pour y chercher les vivants au milieu des morts[1]. L'assemblée des fidèles qui s'y trouvaient réunis, était composée de soixante-trois personnes de différent sexe.

En apparaissant au milieu d'eux, le bienheureux Laurent leur dit :

« La paix soit avec vous. »

Le prêtre Justin qui présidait l'assemblée, s'étant levé à l'entrée de l'Archidiacre, se prosterna devant lui pour lui baiser les pieds. Sur son refus, il s'éleva entre eux une sainte dispute pour savoir qui obtiendrait cette faveur. Enfin, le bienheureux Laurent lui dit :

« Accordez-moi, pour dernière grâce, de vous laver les pieds, à vous et aux Saints. »

Le prêtre Justin lui dit :

en ces lieux. « Jusqu'ici, dit-il à son juge, j'ai demeuré près de la maison de Martius, voisine des Bains de Timothée. »

[1] On sait que les vastes corridors souterrains des Catacombes servirent pendant trois cents ans aux premiers chrétiens pour enterrer leurs morts; ils s'y réunissaient aussi quelquefois, comme nous le voyons dans la circonstance présente, pour échapper à la violence des persécuteurs.

« C'est le précepte du Seigneur : que sa volonté soit faite. »

Puis, ayant mis de l'eau dans un bassin, le jeune Diacre lava les pieds à tous les hommes. Etant venu au bienheureux Justin, il commença par lui baiser les pieds et les lava ensuite. Ce pieux office terminé, il distribua les secours qu'il avait apportés, se recommanda aux prières du bienheureux Justin, et s'éloigna [1].

Nous avons vu plus haut que saint Sixte, après avoir été conduit au temple de Mars, fut de nouveau enfermé dans la prison Mamertine. La haine aveugle du Tyran contre le Chef des chrétiens n'avait garde de l'y laisser longtemps en repos. Aussi, le lendemain même du premier interrogatoire, Dèce se fit-il présenter le Pontife Romain avec ses deux Diacres. Cet interrogatoire eut encore lieu dans le temple Telluré.

Dèce, s'adressant au saint Pape, lui dit :

« En considération de ta vieillesse, nous t'avons

[1] On dit que parmi les trésors de l'Eglise Romaine que saint Laurent distribua, se trouvait le Calice qui servit à Notre-Seigneur à la sainte Cène, et qu'il le destina à l'Eglise d'Espagne, où il se conserve encore *.

* Voir aux Pièces justificatives.

accordé ce délai. Maintenant, obéis à nos ordonnances, et sacrifie aux dieux. »

Le bienheureux Sixte répondit :

« Prends plutôt pitié de toi-même, malheureux, et sans blasphémer davantage, fais pénitence pour le sang des Saints que tu as répandu. »

Furieux d'une réponse aussi hardie, Dèce se retourna vers Valérien et lui dit :

« Si ce vieillard sacrilége vit plus longtemps, c'en est fait de notre autorité. »

Valérien répondit :

« Qu'il soit mis à mort. »

Les diacres Félicissime et Agapite, élevant la voix, s'écrièrent :

« O insensés ! si vous écoutiez les conseils de notre Père, vous éviteriez les supplices éternels qui vous attendent. »

Valérien, Préfet, dit :

« Quoi ! ceux-ci encore nous menacent, et ils vivent ! »

Puis, quelque temps après, s'étant levé, il prononça contre eux cette sentence :

« Qu'on les reconduise au temple de Mars,

et, s'ils refusent de sacrifier, qu'on leur tranche la tête au même endroit. »

Comme le Disciple bien-aimé, Laurent suivait de loin son saint Maître mis au nombre des malfaiteurs, conduit au supplice comme les scélérats, au milieu d'une nombreuse soldatesque. Arrivé hors des murs, en face des idoles du temple, le bienheureux Sixte dit :

« C'est donc devant ces pierres insensibles que vous vous prosternez, et voilà donc la cause de votre perte éternelle ! »

Puis, s'adressant au temple de Mars, il ajouta :

« Que le Christ, le Fils du Dieu vivant, te détruise. »

Ayant ainsi parlé, tous les chrétiens répondirent :

« Amen. »

Aussitôt une partie du temple s'écroula.

Profitant du tumulte, Laurent, qui n'avait pu jusqu'à cette heure lui adresser la parole, s'approcha du bienheureux Evêque, et lui dit :

« Père Saint, j'ai distribué tous les trésors que vous m'avez confiés ; ne m'abandonnez pas maintenant. »

Les soldats, entendant parler de trésors, s'emparèrent de l'Archidiacre et le conduisirent au tribun Parthénius.

Quelques instants après, saint Sixte eut la tête tranchée f avec ses deux diacres Félicissime et Agapite[1]. Pendant la nuit, les prêtres et les fidèles transportèrent leurs corps, celui du premier dans la Catacombe Callixte, les deux autres dans celle de Prétextat[2].

Le tribun qui venait d'arrêter saint Laurent se rendit à la hâte auprès de Dèce, pour lui annoncer qu'il tenait en son pouvoir l'Archidiacre

f Voir aux Pièces justificatives.

[1] Le même jour furent également mis à mort, avec saint Sixte ou séparément, les sous-diacres Januarius, Magnus, Etienne et Vincent. Ce dernier était proche parent de saint Laurent, et fut confondu dans la suite avec saint Vincent, diacre de Valence, qui mourut sous Dioclétien. De là vient qu'on lit dans plusieurs auteurs que saint Vincent, diacre de Valence, fut conduit à Rome par saint Sixte, et qu'il était cousin de saint Laurent.

[2] Ces deux Catacombes, situées sur la voie Appienne, à peu près à trois kilomètres de la ville, sont l'une et l'autre l'œuvre des Pontifes du IIIe siècle. A droite, s'étendent les Cryptes creusées par ordre de Zéphyrin, et continuées par Callixte, qui leur a laissé son nom. A gauche, c'est le Cimetière de Prétextat, qui remonte à la même époque, et présente, comme celui de Callixte, à plusieurs étages superposés, d'innombrables corridors funéraires croisés en tous sens, de nombreuses chapelles ornées de peintures, et où reposent les Martyrs les plus célèbres. Dom Guér., *Hist. de sainte Cécile*, p. 39. — Como, c. II, p. 71.

de Sixte, le gardien des trésors des chrétiens. Qu'on juge, à cette nouvelle, de la joie du persécuteur[1], plus possédé encore de l'amour de l'or que de zèle pour ses dieux. Les bruits qui couraient dans Rome, à cette époque, au sujet des trésors de l'Eglise, étaient de nature à augmenter davantage la joie des persécuteurs. On disait que les Philippes, qui passaient pour avoir été autrefois chrétiens eux-mêmes, avaient laissé à leurs coreligionnaires une grande partie des richesses de l'empire, richesses renfermées alors dans ces obscurs et mystérieux séjours où ils tenaient leurs assemblées.

Amené en la présence du César Dèce, celui-ci dit au Bienheureux :

« Où sont donc ces trésors confiés à ta garde? »

Et, sans attendre sa réponse, ne voyant devant lui qu'un humble jeune homme facile à intimider, il dit à Valérien :

[1] *Tunc Decius gavisus est valdè, et fecit sibi beatum Laurentium præsentari, quem ità aggredit Decius Cæsar dicens : Ubi sunt thesauri Ecclesiæ quos apud te cognovimus esse reconditos? Beatus Laurentius non respondit ei ullum verbum. Tradidit eum Decius Cæsar Valeriano præfecto, dicens : Exquire thesauros diligenter, et sacrificet diis. Quòd si noluerit sacrificare, diversis cum tormentis interfice. Manusc. Cassanat.*

« Occupe-toi de ces trésors; fais-le sacrifier aux dieux. S'il refuse de nous obéir, qu'on le mette à mort. »

Et il les congédia.

CHAPITRE V

CHAPITRE V

Conversion d'Hippolyte. — Dèce demande les trésors de l'Église. — Saint Laurent les lui promet. — Comment il tient sa promesse.

Quand on vous conduira devant les magistrats et les puissances, ne vous inquiétez pas comment vous répondrez, ni de ce que vous direz ; car l'Esprit-Saint vous enseignera dans ce moment ce qu'il faudra dire. S. LUC. XII.

Où est l'Esprit de Dieu, là est la liberté. II. COR. III.

Il était assez d'usage, chez les Romains, de confier les prisonniers de distinction à des officiers subalternes[1], qui, sans les tenir sous une garde aussi étroite que ceux du commun, devaient

[1] On en voit plusieurs exemples dans la vie des Saints. Ainsi, sainte Anastasie fut confiée à Publius, son mari ; le Pape saint Alexandre, au tribun Quirinus ; les saints frères Marc et Marcellien, à Nicostrate, secrétaire du Préfet de Rome.

néanmoins, tout en leur laissant quelque liberté, répondre d'eux sur leur tête, et les présenter à la première réquisition des juges. Valérien, après avoir reçu de Dèce l'ordre mentionné plus haut, se déchargea, à son tour, de la garde du Saint sur un chevalier romain nommé Hippolyte. Celui-ci le conduisit dans sa demeure, située au *Vicus Patricius*, et l'enferma dans une prison que l'on voit encore de nos jours sous l'Eglise de Saint-Laurent *in fonte* [1].

Là, dans ces sombres demeures, gisaient quelques victimes de la justice ou de la cruauté des hommes, et depuis longtemps oubliées d'eux. Le saint Martyr pénétra en ces lieux comme la lumière au milieu des ténèbres, comme un ange de consolation pour ces infortunés. L'un d'eux, appelé Lucillus, par les larmes incessantes qu'il versait depuis des années, avait complètement

[1] Il serait assez difficile aujourd'hui de se former une idée exacte de cette prison. Cependant, par ce qui en reste, on peut conjecturer que ce n'était qu'un long corridor souterrain, formé de petits réduits circulaires, destinés à chaque prisonnier. Celui, entre autres, qui porte le nom de *Prison de saint Laurent*, et où se trouve la fontaine miraculeuse, est bien conservé. La largeur en est d'un mètre et demi à peu près; la hauteur, de trois mètres. La lumière y venait autrefois par une petite ouverture carrée que l'on aperçoit encore au haut de la voûte, mais qui est maintenant bouchée.

obscurci ses yeux, et, ainsi, ajouté à toutes ses peines le désespoir de ne plus jamais voir la lumière du Ciel. Laurent, dont la vie s'était passée à soulager l'infortune, s'approcha de ce malheureux, lui parla de Celui qui avait autrefois ouvert les yeux à l'aveugle-né, et des prodiges qu'il ne cessait d'opérer en faveur des siens. Puis, il lui demanda s'il voulait être baptisé, pour recouvrer la vue.

« Oh! oui, s'écria Lucillus; j'ai toujours désiré recevoir le baptême au nom du Seigneur Jésus. »

« Croyez-vous aussi, ajouta le saint Diacre, qu'il soit le Christ, le Fils du Dieu vivant? »

« Je le crois de tout mon cœur, répondit l'aveugle, et j'abhorre les dieux des nations. »

Comme l'eau nécessaire au baptême manquait, nouveau Moïse, Laurent cria vers le Seigneur, et, à sa prière, une source d'eau jaillit, qui maintenant encore, par une merveille non moins grande, toujours inépuisable et sans écoulement, maintient à la même hauteur le niveau de ses eaux. L'ayant bénite, il en baptisa Lucillus. Au même instant, ses yeux furent ouverts à la lumière, et il s'écria :

« Béni soit le Dieu Eternel, le Seigneur Jésus-Christ, qui m'a fait voir la lumière par le bienheureux Laurent; car je n'étais que ténèbres autrefois, et maintenant je vois! »

Hippolyte, témoin de ce prodige, supportait avec patience, nous disent les Actes, tous les discours du Saint.

Le miracle qui venait de s'opérer, s'étant répandu au dehors, un grand nombre d'aveugles accoururent à la maison d'Hippolyte, auprès du bienheureux Diacre, qui leur imposait les mains et leur rendait la vue. C'est en mémoire de ces nombreux prodiges que l'Eglise Romaine chante dans sa Liturgie, au jour de la fête du Saint : « Le lévite Laurent a fait une bonne œuvre, lui qui, par le signe de la croix, a rendu la vue aux aveugles[1]. »

Un autre miracle, non moins surprenant que les premiers, arriva encore dans cette même prison : ce fut la conversion d'Hippolyte. Cet officier, aussi tourmenté, sans doute, que ses maîtres par le démon de l'avarice, s'approcha en secret

[1] *Levita Laurentius bonum opus operatus est, qui per signum Crucis cæcos illuminavit.* Ant. de vêpr.

de l'Archidiacre, pour savoir où il tenait cachés les trésors de l'Eglise, et lui dit :

« Découvre-moi le lieu où sont vos richesses. »

Le Bienheureux lui dit :

« O Hippolyte! si tu veux croire en Dieu, le Père tout-puissant, et en son Fils, Notre-Seigneur Jésus-Christ, je te montrerai ces trésors, et te promets une vie éternelle. »

Hippolyte lui répondit :

« Si tu mets ta promesse à exécution, je ferai selon ton désir. »

Le Bienheureux dit :

« Ecoute maintenant mes paroles, et reçois le baptême; car vos dieux ne sont que des pierres sourdes et muettes. »

Puis, continuant à lui dévoiler les vérités chrétiennes et les mystères de la religion, il l'amena enfin à recevoir le sacrement de la régénération. Avec lui, sa maison crut à Jésus-Christ, et reçut le baptême comme son chef : sa famille comptait dix-neuf membres.

Cependant l'avare persécuteur, impatient de satisfaire sa cupidité, demande Laurent et le presse de lui remettre entre les mains le monceau de pièces d'or que son imagination grossit encore.

Nous ne pouvons nous empêcher de rapporter ici quelques passages du beau poëme de Prudence sur saint Laurent, parfaitement en rapport avec la narration des Actes [1]. Tout en faisant large part aux licences de la poésie, il est à croire que l'auteur, vivant peu d'années après le martyre du Saint, a recueilli dans ses écrits quelques traditions conservées jusqu'à son temps. Les vrais fidèles aimeront encore à entendre répéter ces premiers chants de leur berceau, et à respirer ces parfums de la jeunesse de l'Eglise. Ecrits d'ailleurs au sein d'une société presque païenne, ces discours du poëte n'ont dû être que l'écho des reproches adressés par celle-ci aux chrétiens, et

[1] *Aurelii Prudentii, de Martyrio sancti Laurentii, ex lib.* Περι Στεφανων, *hymnus* II.

Voici le début de ce poëme :

Antiqua fanorum parens,
Jam Roma Christo dedita,
Laurentio victrix duce
Ritum triumphas barbarum.
Reges superbos viceras,
Populosque frenis presseras;
Nunc monstruosis idolis
Imponis imperii jugum.

rajeunis de nos jours dans des paroles et des discours identiques, pour être de nouveau employés contre cette même Eglise catholique et ses administrateurs. Et plût à Dieu que ces paroles impies ne fussent proférées aujourd'hui que par des officiers subalternes, païens d'origine!

Le tyran donc parla ainsi à saint Laurent :

— « Vous vous plaignez de notre cruauté à l'égard des chrétiens. Ce n'est plus maintenant par les tortures, mais avec douceur et bonté que je réclame ce que toi-même aurais déjà dû m'offrir.

On dit que vos Evêques ont coutume de faire des libations dans des coupes d'or, de présenter le sang fumant des victimes dans des vases d'argent. On ajoute que vos assemblées nocturnes sont éclairées avec des flambeaux soutenus sur des chandeliers d'or.

Les terres que l'on vend pour secourir les frères, vous rapportent des milliers de sesterces. Ainsi se dissipe dans de honteuses ventes le patrimoine des aïeux, et les enfants ne reçoivent que la misère en partage, grâce à la sainteté de leurs parents.

Or, ces biens dont votre piété a dépouillé d'innocentes créatures par de criminels prestiges, ces trésors immenses cachés dans vos Eglises et vos antres ténébreux, le bien public les réclame, le fisc et le trésor les attendent pour la solde de nos armées.

C'est un de vos dogmes, je le sais, de rendre à chacun ce qui lui est dû. César reconnaît son image sur vos pièces d'or : rendez donc à César ce qui appartient à César; rien n'est plus juste.

Votre Dieu, si je ne me trompe, ne fait point battre monnaie, et il n'a pas apporté beaucoup de Philippes d'or en venant au monde [1]. Il vous a enrichis de préceptes, mais non des biens de ce monde. Soyez donc riches en paroles, et, d'accord avec les maximes que vous débitez par le monde, rendez l'or à qui il est dû [2]. »

Sans s'émouvoir, et comme disposé à obéir, saint Laurent lui répondit :

[1] *Avoir des Philippes d'or*, chez les anciens, équivalait à notre locution Française : *avoir des Louis d'or*. Ces monnaies d'or ont pris le nom des souverains qui les ont fait frapper.

[2] Prud., strophes 13 et suiv.

— « Notre Eglise est riche, je ne le nie pas. Son argent et ses biens dépassent la fortune des plus opulents princes de l'univers; l'Empereur lui-même, l'Empereur, maître du monde, qui fait frapper toute la monnaie à son coin, n'en possède pas autant.

Je ne refuse pas de livrer ce riche trésor de mon Dieu : je découvrirai tout, et exposerai ce qu'il a de plus précieux. Je te prie seulement de m'accorder quelque délai, pour remplir plus fidèlement ma promesse, marquer chaque objet, et prendre note des valeurs renfermées dans les trésors du Christ. »

Heureux et triomphant, le prince croit déjà posséder l'or qu'il espère; il félicite Laurent de sa soumission, et lui accorde trois jours de délai.

A peine hors du palais impérial, le saint Diacre commence à parcourir la ville, et à rassembler de nombreuses troupes de pauvres, d'infirmes, de boiteux, d'aveugles, de malheureux de toute sorte, tous connus de lui et nourris par l'Eglise; puis il attend l'ordre du tyran [1].

Le troisième jour allait bientôt finir, quand

[1] Prud., strophes 29 et suiv

Dèce, impatient de voir l'effet des promesses du Diacre, mande à Hippolyte de lui amener son prisonnier. Le jeune Lévite, à cette nouvelle, dit à son gardien :

« Allons! voici qu'une grande gloire nous est préparée [1]. »

Suivi de ses pauvres, il se met aussitôt en marche, et, ainsi escorté, traverse, au milieu des Romains étonnés d'un semblable spectacle, les nombreuses rues qui séparent le *Vicus Patricius* du palais de Salluste, situé sur le mont Quirinal, où, pour lors, le César Dèce avait sa résidence [2].

Ayant mis en ordre et rangé ses pauvres sous les longs portiques de la demeure impériale, il va trouver le prince, et lui dit :

— « Tu peux venir admirer maintenant,

[1] *Acta S. Laur.*

[2] Ce palais, ou plutôt ces *Horti Sallustiani*, comme on les appelait alors, avaient été édifiés avec un luxe et une magnificence dont on peut à peine se faire une idée. Ils contenaient un forum, des thermes, un cirque, des temples, un portique appelé *Milliarium*, parce qu'il comptait mille colonnes, ou avait mille pieds de long, et sous lequel saint Laurent rassembla ses pauvres; enfin, la maison du maître, qui, à cause de sa somptuosité, devint la demeure des Empereurs. Néron et Vespasien l'habitèrent; Nerva y mourut. On voit encore les ruines de ces palais dans la *Vigna dei Barberini*, rue de *Porta Pia*.

exposées au grand jour, les richesses que notre Dieu possède. Tu verras l'atrium de ton palais resplendissant de vases d'or, et sous ses vastes portiques, de longues piles de talents entassés [1]. »

Sans retard, le prince, environné de sa nombreuse cour, précédé de ses licteurs, s'avance pour jouir du brillant spectacle.

Laurent, étendant alors la main vers ces malheureux, lui dit :

« Voilà les trésors de notre Dieu, qui vont toujours en augmentant, sans jamais s'épuiser [2]. »

Dèce, un moment interdit à cette vue, jette sur le Diacre un regard terrible.

Le Saint lui dit :

— « Pourquoi cet air furieux et menaçant? qu'est-ce qui a pu ici te déplaire? Cet or que tu désires avec tant d'ardeur, n'a-t-il pas été arraché des entrailles de la terre par le bras des criminels, ou retiré de la boue des torrents? N'est-ce pas l'or qui corrompt l'intégrité de la justice, qui fait naître les discordes, et met en péril les lois mêmes de l'Etat? Pourquoi donc

[1] Prud.

[2] *Acta S. Laur.*

tenir, pourquoi tant s'attacher à ce poison universel ?

La Lumière divine et le genre humain : voilà l'or pur et véritable. Eh bien! ce sont des enfants de Lumière, ces pauvres que ta fierté dédaigne, que ta sagesse a maudits. Bientôt, dépouillant les infirmités de leur misérable corps, ils paraîtront, resplendissants de lumière et de beauté, dans la maison du Père Céleste, tandis que les puissants de ce monde ne revêtiront qu'un corps hideux, objet d'épouvante et d'horreur.

Voici donc les pièces d'or que je t'ai promises; le feu n'a pas de prise sur elles, et les voleurs ne peuvent les dérober. Reçois-les pour embellir la ville de Rome, augmenter les trésors de l'Empereur, et y trouver toi-même l'opulence [1].

— « On se rit ainsi de nous! s'écria le prince en fureur, et, avec toutes ses figures de rhétorique, on nous raille à plaisir! Est-ce donc là la morale si vantée de votre religion, de tourner notre Majesté elle-même en dérision, comme on se raille d'un vil esclave? Grâce aux dieux, les

[1] Prud., strophes 47 et suiv.

faisceaux de nos licteurs ne sont pas encore brisés, ni la hache du bourreau émoussée.....

Tu dis en toi-même : « Je ne redoute pas la mort, c'est le vœu d'un Martyr. » Je sais que c'est là votre fol orgueil. Mais ne crois pas qu'une mort précipitée vienne terminer tes jours ; c'est au milieu des plus terribles supplices, et dans une agonie prolongée à l'infini que tu sortiras de la vie, si ton insolence refuse de nous livrer les trésors qui nous appartiennent, et de sacrifier aux dieux immortels, les maîtres du monde [1]. »

Le Bienheureux répondit :

« Pourquoi Satan vous aveugle-t-il au point d'exhorter les chrétiens à sacrifier aux démons ? Quant aux trésors matériels que ton avarice désire avec tant de cupidité, ils sont déposés entre les mains de notre Dieu [2]. »

Ne pouvant contenir plus longtemps la colère dont il est transporté, Dèce ordonne à ses licteurs de dépouiller le Bienheureux et de le frapper de verges [3].

[1] Prud.

[2] *Acta S. Laur.*

[3] Les verges étaient de simples baguettes unies, avec lesquelles on

Pendant qu'on exécutait ces ordres cruels, le Saint, les yeux levés vers le ciel, s'écriait :

« Je vous rends grâces, Seigneur, d'avoir daigné me compter au nombre de vos serviteurs, tandis que cet insensé se consume dans sa rage impuissante. »

Comme ce n'était ni le lieu ni le mode de procéder à un interrogatoire régulier, et de parvenir le plus sûrement à ses fins, Dèce fit relever de terre le saint Diacre, et, afin de l'épouvanter, commanda de lui mettre sous les yeux les instruments de supplice les plus effrayants : des fouets, des peignes de fer, des lames ardentes. Puis, il lui dit :

« Sacrifie aux dieux, si tu ne veux voir bientôt ton corps déchiré par tous ces instruments de torture. »

Le Bienheureux dit :

« J'ai toujours ardemment désiré ce festin ; ce qui est supplice pour vous devient le sujet d'une gloire immortelle pour les chrétiens. »

flagellait les esclaves, les personnes viles, et non les citoyens Romains. Mais à l'égard des chrétiens, on n'observait presque jamais les formalités de la loi.

Dèce César dit :

« Si c'est là une si grande gloire pour vous, indique-moi où sont cachés les autres profanes, tes semblables, afin que vous puissiez prendre tous part au même banquet. »

Le bienheureux Laurent dit :

« Leurs noms sont écrits dans le Livre de vie. Pour toi, tu n'es pas digne de les connaître. »

Voulant mettre quelque régularité dans la procédure, et faire subir au saint Diacre la question dans les formes ordinaires, Dèce le fit charger de chaînes, et ordonna de le conduire au palais de Tibère, bâti sur le mont Palatin, et la résidence accoutumée des Empereurs [1].

[1] L'Empereur Auguste éleva son palais au centre de la colline, et l'appela de son nom, *Domus Augustana*. Tibère agrandit le palais d'Auguste, en l'étendant vers l'angle occidental, où est maintenant l'Eglise de Sainte-Anastasie, et l'appela *Domus Tiberiana*.

CHAPITRE VI

CHAPITRE VI

Interrogatoire de saint Laurent. — Baptême de saint Romain. — Dèce condamne saint Laurent à être rôti sur un gril. — Sa sépulture.

Postquam exustus est, universis per totum mundum Ecclesiis odorem suæ nobilitatis infudit.

S. AUG., SERM. DE S. LAUR.

Dèce César, siégeant sur son tribunal, dans la basilique de Jupiter, une des dépendances de la demeure impériale, se fit présenter Laurent [1]. Contenant à peine les pensées tumultueuses qui

[1] Caligula prolongea la maison de Tibère jusqu'au Forum, *Per longissimas porticus vagus*, dit Suétone, l. LX.

Parmi ces nouvelles constructions se trouvaient un théâtre et le templo de Jupiter Olympien, où saint Laurent subit son premier interrogatoire.

s'agitaient au dedans de lui, il commença ainsi brusquement l'interrogatoire :

« Déclare-nous où sont cachés les chrétiens, les profanes, pour en purger la ville. Toi-même sacrifie aux dieux, et ne mets pas ta confiance dans les trésors que tu dérobes à nos regards. »

Le Bienheureux répondit :

« Tu as dit vrai : toute ma confiance, tout mon espoir repose dans mes trésors. »

Le préfet Valérien dit :

« Peut-être crois-tu qu'ils te délivreront de nos mains, et t'arracheront aux tourments? »

Le Bienheureux dit :

« Je suis le serviteur du Christ, et ses célestes trésors ne me feront point défaut. »

Dèce, irrité de cette réponse, ordonna de le frapper avec des verges[1]. Tandis qu'on le frappait, il criait à Dèce César :

On donnait quelquefois le nom de temple aux Basiliques, comme le témoignent ces vers de Stace, au sujet de la Basilique Julia

Ad Laterum passus hinc Julia templa tuentur,
Illinc belligeri sublimis regia Pauli.
Jàm clamor, centumque viri, densumque coronæ
Vulgus, et infanti Julia templa placent.

[1] *Fustibus*, c'étaient des bâtons remplis de nœuds.

« Vois maintenant, misérable, comme les trésors du Christ me font triompher de toi, et mépriser tes tourments! »

Dèce César dit :

« C'est par l'art de la magie que tu en évites les atteintes. Mais si tu es vainqueur des tourments, tu ne le seras pas de moi; car, j'en atteste les dieux et les déesses, si tu ne sacrifies, je te ferai périr par tous les genres de supplices imaginables. »

Le Bienheureux dit :

« Eh bien! continue ton œuvre, ne te ralentis point. »

Mis au défi par cette réponse, le tyran commanda de frapper le Martyr sans relâche avec des fouets armés de balles de plomb. Comme il demeurait toujours inébranlable, on apporta des lames de fer; et, lorsqu'elles eurent été rougies au feu, on les appliqua sur les parties les plus sensibles du corps mis à nu.

Durant ce supplice, le Bienheureux élevait la voix en disant :

« Jésus-Christ, Dieu de Dieu, ayez pitié de votre serviteur. J'ai confessé généreusement votre nom devant les hommes, vous proclamant le seul Dieu de l'univers. »

Comme la violence des coups redoublait, il crut sa dernière heure arrivée, et dit :

« Seigneur Jésus-Christ, qui avez daigné, pour notre salut, prendre la forme d'un esclave, afin de nous délivrer de l'esclavage du démon, recevez mon esprit. »

On entendit au même instant une voix mystérieuse qui disait :

« De grands combats te sont encore réservés. »

Dèce, tout bouillant de colère, s'écria aussitôt :

« Peuple Romain, et vous tous ici présents, vous venez d'entendre comment les mauvais Génies consolent ce contempteur de vos dieux et de vos princes. Voilà pourquoi il se rit des tourments. »

Puis il ajouta :

« Qu'on l'étende sur le chevalet, qu'on le frappe avec les scorpions [1]. »

Pendant qu'on disloquait ainsi ses membres, le saint Martyr, le visage calme et souriant, rendait grâces à Dieu, en disant :

[1] Les scorpions étaient des bâtons armés de pointes de fer quelquefois triangulaires et tranchantes. Antonio Gallonio.

« Soyez béni, Dieu, Père de Jésus-Christ Notre-Seigneur, qui nous avez fait miséricorde, malgré notre indignité. Mais vous, Seigneur, par votre infinie bonté, donnez-moi votre grâce, afin que tous ceux qui sont ici présents connaissent que vous consolez vous-même vos serviteurs. »

Alors un des soldats, du nom de Romain, crut au Seigneur Jésus, et dit au bienheureux Laurent :

« Je vois devant toi un jeune homme d'une beauté éblouissante, qui a dans les mains un linge pour essuyer tes membres. Je te conjure, par le Christ qui t'a envoyé son Ange, de ne pas m'abandonner. »

Dèce dit alors à Valérien :

« Nous sommes vaincus par ce magicien. »

Et il ordonna de le détacher du chevalet. Telle fut la fin de l'interrogatoire.

Ainsi, au lieu d'une moisson d'or que Dèce s'attendait à recueillir, il n'avait reçu qu'une troupe de mendiants, témoins de sa honte et de sa déception; au lieu d'un jeune homme faible et facile à séduire, il avait trouvé un Héros, qui supportait avec un calme admirable et une vertu surhumaine les plus longs et les plus effroyables tourments.

En attendant qu'il plût au tyran de faire recommencer l'office des bourreaux fatigués, le bienheureux Martyr fut remis aux mains d'Hippolyte, mais sans avoir, cette fois, la liberté de sortir du palais.

Le soldat Romain, qui ne cherchait que l'occasion favorable pour s'approcher du Saint, vint alors le trouver, et le conjura, en se prosternant à ses pieds, de lui conférer le baptême : ce qui lui fut accordé au même instant, après que le saint Diacre eut bénit l'eau qui lui avait été apportée.

Le gouverneur, apprenant ce qui venait de se passer, fit amener Romain en sa présence, après l'avoir préalablement fait fouetter. Mais, avant même d'être interrogé, le nouveau soldat de Jésus-Christ s'écria :

« Je suis chrétien. »

Sur les ordres du prince, sans autre formalité, on le conduisit hors des murs, près de la porte

Salaria[1], où il eut la tête tranchée, le neuvième jour du mois d'Août. Le prêtre Justin enleva son corps pendant la nuit, et le déposa dans les Catacombes du champ Vérano.

Le soir du même jour, Dèce et Valérien se rendirent aux Thermes d'Olympias, situés sur le mont Viminal, et voisins du palais de Salluste[2]. Quelque temps après ils mandèrent à Hippolyte d'amener Laurent.

Sachant bien que cet ordre allait être suivi d'un arrêt de mort contre son ami, le nouveau chrétien vint trouver le Saint, et lui dit :

« Voici que Dèce nous demande. »

Et il se prit à pleurer.

[1] Cette porte, percée à l'est de la ville, avait reçu anciennement son nom des Sabins, qui transportaient par là le sel qu'ils tiraient des côtes de la mer. A quelques milles de ce lieu s'ouvrait une Catacombe célèbre dans les premières annales de l'Eglise.

[2] Ces Thermes faisaient partie des Bains d'Agrippine ; on a découvert les restes des Bains sur le penchant du Viminal, au-dessous de l'Eglise de Saint-Laurent. Les ruines des Thermes proprement dits se voient encore dans l'Eglise souterraine, et dans le couvent des Religieuses de Sainte-Claire, qui en est voisin.

Sous le nom de *Bains*, on comprenait, chez les Romains, de vastes édifices destinés les uns aux bains froids, les autres aux bains chauds. Ce dernier établissement s'appelait plus particulièrement *les Thermes*. Les bains renfermaient, en outre, des bibliothèques, des salles de jeu et de récréation, où l'on pouvait s'assembler commodément pour discourir.

Le bienheureux Martyr lui dit :

« Ne pleure pas, mais réjouis-toi plutôt de ce que je pars pour la gloire. »

Hippolyte lui dit :

« Ah ! pourquoi ne m'est-il pas permis de m'écrier : Je suis chrétien ! et de mourir pour la cause du Christ ? »

Le Bienheureux répondit :

« Cache maintenant le Christ en l'homme intérieur ; et, dans peu, lorsque je t'appellerai, entends ma voix et viens. »

Le tyran crut encore cette fois pouvoir épouvanter le jeune Diacre, en lui faisant passer sous les yeux tous les instruments de supplice qu'on lui préparait : les lanières armées de balles de plomb, les fouets, les lames ardentes, les ongles de fer, les chevalets, les brasiers ardents, etc. Puis, toujours persuadé que la vertu qu'il rencontrait en lui, ne provenait que de la magie, il lui dit :

« Laisse-là la perfidie de l'art magique, et dis-nous qui tu es. »

Le bienheureux Laurent répondit :

« Quant à ma patrie, je suis Espagnol ; mais,

nourri à Rome[1], dès ma plus tendre enfance, dans les saintes lois du christianisme..... »

Dèce dit :

« Oui, vraiment, saintes..... qui enseignent à mépriser les dieux et les tourments. »

Le Bienheureux dit :

« Au nom de Notre-Seigneur Jésus-Christ, je ne crains pas les tourments. »

Dèce dit :

« Sacrifie aux dieux, ou toute la nuit va se passer pour toi dans les tortures. »

Le Bienheureux dit :

« Cette nuit n'a pas d'obscurité pour moi : tout y brille du plus pur éclat. »

Dèce dit :

« Qu'on le frappe sur la bouche, pour avoir ainsi répondu. »

Tandis qu'on lui brisait la mâchoire à coups de pierres, le Martyr souriait, et s'animait au combat par la prière, en disant :

[1] *Depone perfidiam artis magicæ, et dic nobis generositatem tuam. Cui beatus Laurentius : Quantùm ad genus, Hispanus sum, eruditus ac nutritus Romæ in omnem legem sanctam et divinam, et a cunabulis sum christianus. Decius dixit : Reverà divinam, qui nec deos cogitas, nec tormenta formidas !*

« Je vous rends grâces, ô Christ, qui êtes le Dieu de toutes choses. »

Enfin, après avoir épuisé contre le jeune Héros tous les genres de supplices, Dèce, dont la rage n'était pas encore assouvie, en fit apprêter un d'une barbarie plus inouie et plus atroce que tous les précédents : ce fut de le faire rôtir et griller à petit feu, sur des charbons à moitié embrasés.

On apporta donc un gril formé de trois barres de fer [1], et les bourreaux se mirent en devoir de dépouiller le saint Martyr de sa tunique, pour l'étendre sur ce gril.

Alors Dèce, comme pour se féliciter de sa féroce invention :

— « J'ai de la joie, dit-il, que ce chef de leurs mystères soit tombé entre mes mains : il servira, du moins, d'exemple aux autres. Monte, misérable, sur ce lit de fer : il est digne de toi ; là tu pourras soutenir à l'aise que Vulcain n'est qu'un dieu imaginaire [2]. »

Le Bienheureux dit :

[1] *Acta S. Laur.*

[2] Prud., stroph. 88, 89.

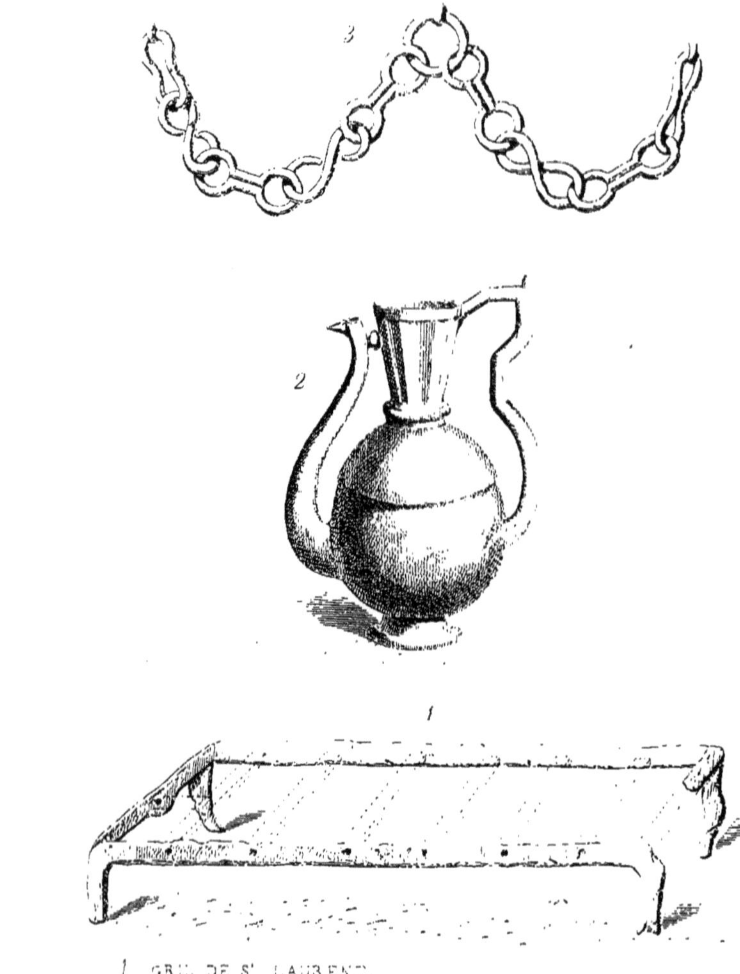

1 GRIL DE St LAURENT.

2 VASE AVEC LEQUEL IL BAPTISAIT.

3 CHAINE AVEC LAQUELLE IL FUT ATTACHÉ [illegible]

« Voici que je m'offre moi-même à Dieu en sacrifice d'agréable odeur. »

Et il s'étendit sur le gril. Les bourreaux l'y attachèrent fortement avec une chaîne, et l'y maintinrent encore avec deux fourches de fer pour empêcher ses mouvements [1].

Ce fut alors un spectacle épouvantable. On voyait cette chair si tendre se gonfler, se fendre au-dessus du brasier; puis se rayer de profondes plaies rouges et sanglantes, au contact des barres en feu qui pénétraient jusqu'aux os. On voyait se dégager une vapeur épaisse, du corps de l'innocente Victime, comme d'une fournaise ardente. On entendait pétiller les charbons qui s'activaient de la graisse ruisselant des membres à demi-consumés. On pouvait surprendre le frissonnement nerveux et convulsif qui courait, par intervalle, à la surface du corps, le tressaillement que l'agonie donnait à chacun des muscles, les convulsions spasmodiques qui tiraillaient et contractaient par degrés les membres du Martyr [2].

Mais en regardant son visage, on oubliait toutes

[1] *Acta S. Laur.*

[2] Wism., *Fab.*

ces horreurs. Sa tête se soulevait sur son corps carbonisé, et se dressait comme dans la contemplation de quelque vision céleste.

Tel parut autrefois le grand Législateur des Hébreux, lorsqu'il descendit de la montagne avec les tables du Très-Haut, et se présenta au peuple d'Israël. Tel encore parut aux Juifs Etienne, le premier martyr, lorsque, mourant pour Jésus-Christ, il vit les cieux ouverts, et le Fils de l'Homme assis à la droite de Dieu. Mais cette gloire cachée aux païens n'était vue que de ceux qui avaient été régénérés dans les eaux du baptême.

Cependant, le feu, quoique lentement, n'avait pas laissé que de produire son action sur le corps du Saint, et la chaleur, pénétrant insensiblement les chairs, en avait cuit une partie. Alors Laurent, se soulevant un peu sur le gril :

« Je crois, dit-il à Dèce, que ce côté est assez rôti; tu peux me retourner sur l'autre. »

Dèce lui répondit :

« Où sont maintenant ces flammes dont tu menaçais les dieux? »

Le Martyr répondit :

« Ces charbons sont pour moi un rafraîchissement, et pour toi la cause d'un supplice éternel, parce que le Seigneur sait que, accusé, je ne l'ai point renié ; interrogé, j'ai confessé le Christ; rôti, je lui rends grâces. »

Ceux qui étaient présents s'étonnaient, disent les Actes, comment Dèce avait pu faire rôtir ainsi un homme vivant.

On rapporte que, à ses derniers instants, alors que son corps allait se consumant peu à peu sur le gril, Dieu daigna, pour consoler son Serviteur et adoucir les horreurs de ses supplices, lui découvrir que ses ardentes prières pour la conversion de Rome infidèle avaient été exaucées; que bientôt le règne des princes impies et persécuteurs allait prendre fin, pour laisser la Croix du Christ entrer triomphante dans Rome, et, de là, régner à jamais sur la ville et sur le monde [1].

Enfin, les sources de la vie étant épuisées dans ce corps dévoré par le feu, le bienheureux Martyr,

[1] Saint Laurent a été regardé par les anciens Pères comme le *dernier des Martyrs*, parce qu'on attribuait à sa prière et à ses mérites la conversion de Rome idolâtre. C'est aussi pour cette raison que l'Eglise Romaine lui a donné une place si honorable dans sa Liturgie : il est le seul qui ait, avec saint Jean-Baptiste et les Apôtres saint Pierre et saint Paul, le privilége d'une Vigile et d'une Octave.

sur le point de quitter la terre, resplendissant déjà d'une joie toute céleste, dit en élevant une dernière fois les yeux au ciel :

« Je vous rends grâces, ô Seigneur Jésus, qui êtes venu à mon secours, et avez daigné m'ouvrir les portes éternelles. »

Et il rendit l'esprit.

Honteux de leur victoire, Dèce et Valérien, voyant le saint Diacre mort, quittèrent cette nuit même le palais des Thermes pour se rendre à celui de Tibère, en abandonnant le corps de leur Victime encore étendu sur le gril et les brasiers à demi-éteints.

Aussitôt après le départ des persécuteurs, Hippolyte se hâta d'enlever ces restes sacrés, et de les déposer dans sa maison, pour procéder avec plus de liberté à leur embaumement.

Dès l'aurore, le prêtre Justin, informé de ce qui venait d'avoir lieu, se rendit chez Hippolyte, et, de là, fit transporter le corps du saint Martyr dans la Catacombe de la veuve Cyriaque, près de la voie Tiburtine, appelée *le Champ Verano* [1].

[1] La Catacombe de l'*Agro Verano* est située à deux kilomètres des murs de la ville.

Les chrétiens jeûnèrent pendant trois jours, et passèrent la nuit en veilles auprès du tombeau. Le bienheureux Justin offrit le Sacrifice de louanges [1], et tous les chrétiens y participèrent avec actions de grâces.

[1] Dix ans plus tard, saint Justin fut pris à son tour, et donna sa vie pour Jésus-Christ. Un des principaux motifs de sa mort fut le pieux office que nous lui venons de voir rendre aux restes sacrés de l'Archidiacre de Rome. Voici ce qu'on lit dans ses Actes :

« L'Empereur Claude, étant assis sur son tribunal, donna ordre de lui amener le bienheureux Justin. Lorsqu'il fut en sa présence, le César lui dit : « Est-ce donc ainsi que tu t'es rendu insensé, Justin le sacrilége? » Tu crois peut-être que nous ignorons les impiétés que depuis long- » temps tu commets avec les profanes tes pareils? N'as-tu pas osé, par » une témérité détestable, agir contre les dieux et contre les ordon- » nances des invincibles Empereurs? Car, on raconte que *tu as enseveli* » *le sacrilége Laurent;* tu as été surpris à enlever furtivement Romain, » ce soldat décrié, et l'on dit que tu retiens avec toi un grand nombre » d'adeptes de cette maudite secte chrétienne. »

Saint Hippolyte mourut à peu près pour la même cause *g*.

g Voir aux Pièces justificatives.

CHAPITRE VII

CHAPITRE VII

Culte de saint Laurent. — Monuments antérieurs au règne de Constantin. — La Basilique-hors-des-murs. — Autres Églises érigées dans Rome et dans le monde catholique en l'honneur du Saint.

Je donnerai au vainqueur une pierre blanche et un nom nouveau écrit sur la pierre. APOC. II. 17.

L'Eglise, remplie des divines espérances que lui a laissées son Fondateur, change le langage ordinaire de l'humanité quand elle veut désigner le trépas de ses Saints ; elle appelle leur mort une naissance, *natalitia* , parce qu'elle sait que c'est alors seulement qu'ils commencent à entrer dans le vrai séjour des vivants.

Combien de Saints, en effet, qui, comme saint Laurent, après avoir coulé des jours obscurs sur la terre, n'ont vu commencer qu'à leur tombeau cette longue vie des siècles qui ne doit finir qu'avec le monde! Vie manifestée par les merveilleuses relations qu'ils entretiennent avec leurs frères d'ici-bas, par les monuments qui s'élèvent en leur honneur, et par l'histoire de leurs restes sacrés.

Les actions antérieures au martyre de notre Saint sont ignorées, les Actes mêmes de sa passion sont le sujet de grandes controverses : il n'en est pas ainsi de ce qui a suivi sa mort. On n'a dans les innombrables monuments de sa gloire que l'embarras du choix.

Après la mort du Bienheureux, les grâces abondantes obtenues par son intercession firent bientôt de l'humble tombeau érigé par saint Justin, l'objet d'une vénération et d'un culte spécial. Les preuves que nous en avons datent de l'époque la plus reculée.

Dès le IVe siècle, saint Augustin s'écriait : « Qui ignore la vertu de ce sépulcre? Qui a jamais prié en ce lieu sans voir sa prière exaucée?....

Il obtient à ceux qui l'invoquent les faveurs et les biens mêmes de ce monde, non pour qu'ils s'attachent à ces fragiles appuis, mais afin de les encourager, comme des enfants, à demander de plus grandes grâces [1]. »

Longtemps avant saint Augustin, dans l'ère même des persécutions, on retrouve les traces des honneurs rendus au Martyr. Humbles et pauvres comme tout ce qui se rattache aux premiers jours de l'Eglise, nous reproduisons cependant avec bonheur ces monuments, comme témoignage de l'ancienne tradition de l'Eglise sur le culte des Saints.

Les premiers chrétiens avaient coutume, pour nourrir leur foi et leur piété, de graver sur différents objets servant aux saints mystères ou dans les agapes, comme coupes, verres de diverses formes, lampes, etc., des symboles religieux dont seuls ils connaissaient la signification. Quelquefois même ils y représentaient l'image du Christ et des Saints les plus vénérés parmi

[1] *Quis ibi oravit et non impetravit? Quàm multis infirmis etiam temporalia beneficia præstitit, quæ ille contempsit! Concessa sunt enim, non ut precantium permaneret infirmitas, sed ut, deterioribus concessis, amor fieret ad appetenda meliora.* S. Aug., *serm.* CCVIII.

eux [1]. C'est sur des monuments de ce genre que se trouvent reproduites les grandes idées qu'ils attachaient à la vertu et à l'intercession du saint Martyr.

Le premier que nous ayons est un fragment de verre conservé au Musée Vallicellano [2]. On y voit le buste de saint Laurent, avec le monogramme du Christ derrière la tête, place ordinaire de l'auréole. Ce symbole signifie que le Christ, exprimé par cette figure, avait fait sa demeure dans l'âme et dans l'esprit du Bienheureux. Sur une ligne horizontale, au milieu du disque, se lit, gravé en lettres d'or, le nom de *Laurentius.* Il ne reste plus de la légende du tour que ces mots : ..... AVE. VIVAS. IN. CR. La partie intacte a conservé l'Ω (oméga). Dans celle qui manque se trouvait sans doute l'A (alpha), première et dernière lettres de l'alphabet grec, qu'on avait coutume de mettre en parallèle avec le monogramme du Christ, qui a dit de lui-même : « Je suis l'Alpha et l'Oméga, le principe et la fin [3]. »

[1] Bonaroti, *Nella prefazione ai vetri.* Tavola 3, *num.* 1.

[2] Aringhi, t. 2, p. 265. Francesco Vettori, *Dissert. philolog.*

[3] Apoc., *cap.* XXII. Tertull., *De Monog.*, *cap.* V.

1
LAVRENTIVS
2
PETRVS PAVLVS
3
INNOMINE
LAVRETI
4
PET RVS
EPOLI TVS
PAV LVS
CIPRI ANVS
LAVRE NTIVS
5
SVCESSA VIVAS

Laurent porte une grande croix sur ses épaules[1] pour démontrer qu'il a fidèlement suivi son Maître, en portant sa croix. Les anciennes peintures et les mosaïques de Rome le représentent avec cette grande croix à la main, parce que c'était l'office du Diacre de la porter dans les fonctions sacrées. Il est ainsi peint sur la couverture d'un très-ancien manuscrit de la Bibliothèque Vallicellana. Pour une raison à peu près analogue, on lui a mis le volume des Evangiles à la main dans les fresques du cimetière de Saint-Valentin, dans la mosaïque de Saint-Laurent-hors-des-murs, dans celles de la tribune de Sainte-Marie-in-Transtévéré et de Saint-Clément [1].

Le second verre est encore plus significatif [2]. Saint Laurent est représenté entre les apôtres Pierre et Paul, assis sur un lectisterne, ou espèce de siége qui a la forme de nos canapés modernes. Tous les trois ils portent la penula ou chasuble ancienne, comme les Patriciens et les

[1] Bonaroti, *loc. cit.*, p. 67.

[2] Tous ces verres affectent la forme d'une Patène ou petite soucoupe. Selon l'opinion la plus probable, ils servaient à recevoir la Sainte Communion. Chaque famille ou chaque particulier y faisait représenter les objets qu'il avait le plus en vénération.

grands personnages de cette époque [1]. La place d'honneur qu'il occupe entre le Vicaire de Jésus-Christ et le grand Apôtre des nations, sa supériorité de stature sur celle des Fondateurs de l'Eglise, nous donnent à entendre que les deux saints Apôtres faisaient au Martyr les honneurs de leur propre trône, comme à un nouvel hôte de la Jérusalem céleste, et le faisaient asseoir dans l'éternel repos.

Le troisième, du Musée du Vatican, nous le montre debout, revêtu de la toge, avec le volume des Evangiles à moitié déroulé. On lit dans l'inscription circulaire : VICTOR. VIVAS. IN. NOMINE LAVRETI. (L'absence de l'N dans Laurenti était d'usage chez les Latins et chez les anciens Grecs.) Les lettres, le personnage, ainsi que quelques palmes semées dans le champ, sont faits de feuilles d'or découpées et incrustées dans le verre bleu.

Les deux qui restent présentent à peu près les mêmes analogies. Dans l'un, saint Laurent est représenté debout, revêtu de la toge, comme dans le précédent, mais en compagnie de saint Cyprien. Dans l'autre, d'une dimension plus res-

[1] Ciampini, t. II, p. 102.

treinte, c'est saint Pierre, saint Paul, saint Hippolyte, saint Cyprien et saint Sixte qui l'accompagnent. Au centre du disque se voient deux personnages qui reçoivent chacun une couronne de la main d'un ange [1].

Tels sont, avec quelques peintures trouvées dans les Catacombes, les seuls monuments qui nous restent relativement au culte de notre Saint, et que l'on peut, d'une manière sûre, faire remonter à une époque antérieure à l'avénement de Constantin au trône impérial [2].

Un des premiers soins du nouvel Empereur fut de témoigner sa reconnaissance au grand Thaumaturge qui avait annoncé son avénement, et hâté l'accomplissement de la promesse par ses prières et son sacrifice. La Basilique élevée sur

[1] Vettori, *loc. cit.*

[2] Nous reproduisons par la gravure un ancien Plomb que Vettori fait également remonter aux premiers siècles. On y voit deux bourreaux qui tiennent saint Laurent, l'un par les pieds, l'autre par les mains ; et le retournent sur le gril. Au-dessus du Saint, son âme, sous la forme d'une petite figure les bras étendus, s'élève vers le Ciel, pour y recevoir de la main de Dieu la couronne due à son triomphe. Le Tyran qui préside à l'exécution, porte la couronne, et tient le sceptre en main : ce qui dénote la toute-puissance d'un César, et confirme la véracité des Actes. — Sur le revers on voit la pieuse dame Successa, celle qui a fait exécuter la médaille, dans l'acte d'offrir un cierge à la Confession du Saint.

son tombeau, comme tous les monuments de cette époque, était assez étroite, mais compensait par sa magnificence intérieure ce qui lui manquait en étendue. On trouve des détails complets sur l'ornementation et la richesse qui régnaient dans cette première Basilique, dans ce qu'en a écrit Anastase, au siècle de Charlemagne [1].

Les marbres les plus rares et les plus précieux avaient été employés dans la construction de ce monument. La tribune, tout entière de porphyre, était revêtue de lames d'argent du poids de mille livres. En avant de cette tribune s'élevait le maître-autel, orné de bas-reliefs d'argent représentant le martyre du Saint. Trois lampes, l'une d'or, à dix becs, du poids de vingt livres; les deux autres d'argent, pesant trente livres, chacune à cinquante becs, brûlaient nuit et jour devant la Confession de l'huile mêlée aux plus précieux parfums de l'Orient. Il y avait encore deux candélabres d'or, hauts de dix pieds; une coupe d'or de quinze livres, deux d'argent de dix

[1] Aringhi, *Roma subterranea*, t. II, c. 16. Pavinius, traduit par Lanfranchi, p. 293. Anast., *in Silv.* Ciampini, *De sacr. Ædif.*, *a Constantino Magno constructis.*

livres chacune; deux calices ministériels [1], de même métal, pesant chacun vingt livres; trois phares d'argent et un métréta d'or de cent cinquante livres; plusieurs autres vases et calices précieux. Outre ces présents, Constantin dota cette Basilique de grands revenus, entre autres des biens confisqués jadis à sainte Cyriaque.

La forme de la Basilique actuelle paraît avoir été définitivement arrêtée dans les dernières restaurations entreprises par Honorius, au XIIIe siècle.

Construite en briques noircies par le temps, malgré son extérieur sombre et sa modeste apparence, elle n'en est pas moins digne, par les anciens objets d'art et les richesses qu'elle renferme, de figurer parmi les premiers monuments de Rome. Vingt-deux colonnes en beau granit, de différentes grandeurs, et provenant presque toutes d'anciens édifices, la divisent en trois nefs. Dans les divers travaux de remaniement qu'elle a subis, on a heureusement conservé le style et les principaux caractères des époques qu'elle a traversées, tels que son arc triomphal, avec sa brillante

[1] Ces calices étaient ceux qu'on employait pour la communion du peuple.

mosaïque du VIe siècle [1], son pavé aussi en mosaïque et ses deux ambons. On y admire surtout le presbyterium, avec ses colonnes de marbre violet et de porphyre vert; quatre de porphyre rouge soutiennent le ciborium ou baldaquin du maître-autel, réservé aux cérémonies papales.

En avant de cet autel, on descend à la Confession. C'est là que, derrière un petit autel qui sert ordinairement à la célébration des saints mystères, et entouré de fortes grilles de fer, se voit le sarcophage en marbre blanc qui contient les corps de saint Laurent et de saint Etienne; car, depuis le VIe siècle, le même tombeau réunit ces deux illustres Diacres, la gloire de Rome et de Jérusalem.

Les anciens auteurs racontent un miracle touchant arrivé à l'occasion de cette translation.

[1] Au centre de la mosaïque se voit Notre-Seigneur, assis sur un globe et bénissant. A sa droite paraissent saint Pierre, portant une croix, saint Laurent également avec une croix et un livre ouvert, sur lequel on lit : *Dispersit dedit pauperibus*; Pélage II, tenant sur sa chasuble l'image de son Eglise; à sa gauche saint Paul, portant une croix et un rouleau d'écritures; saint Etienne, montrant un livre avec l'inscription : *Adhæsit anima mea post te*; saint Hippolyte, portant une couronne sur sa robe. A l'extrémité, on voit une ville avec le nom : *Betlehem*. Cette mosaïque date de l'an 580, et a, par conséquent, près de treize cents ans d'existence.

Comme le pape Pélage désirait réunir les restes de saint Etienne à ceux de saint Laurent, on fit l'ouverture du tombeau de ce dernier, en présence du Pontife et des Evêques venus pour assister à cette solennité [1]. Mais, à la surprise et au grand regret de tous les assistants, la tombe se trouva trop étroite pour contenir ensemble les deux corps. Alors, merveille de charité et d'amour ! on vit le corps immobile de Laurent se tourner sur le côté, et laisser la droite au proto-martyr Etienne [2].

Les murs latéraux des nefs basses sont couverts de grandes fresques représentant les principales circonstances du martyre des deux Lévites. La nef de gauche donne entrée à la Catacombe de sainte Cyriaque par la chapelle souterraine du même nom [3]. Cette chapelle est célèbre par

[1] Severano, *Mem. sacr.*, t. 1, p. 653.

[2] Note du Martyrol. Rom., au 5 Août.

[3] L'inscription suivante est gravée sur la porte du sanctuaire qui nous occupe :

Hæc est tumba illa toto terrarum orbe celeberrima.
Ex Cœmeterio sanctæ Cyriacæ Matronæ,
Ubi sacrum si quis fecerit pro defunctis,
Eorum animas e purgatoriis pœnis divi Laurentii
Meritis evocabit.

les nombreuses indulgences réservées à ceux qui la visitent, ou y font prier pour les morts.

La Catacombe de Sainte-Cyriaque est ainsi nommée de sa fondatrice, qui, par humilité, voulut reposer à l'entrée du Cimetière qu'elle avait fait creuser pour les chrétiens. Il semble ainsi que cette pieuse veuve, après s'être montrée l'humble servante des fidèles, ait voulu jusqu'après sa mort leur faire les honneurs de leur dernière demeure [1]. Un grand nombre de galeries, par suite d'éboulements survenus, se trouvent maintenant obstruées et ne peuvent plus être visitées; d'autres sont soutenues par des murs munis de grilles, à travers lesquelles on aperçoit plusieurs *loculi* ou tombeaux remplis d'ossements des chrétiens des premiers siècles.

Dans le trésor de l'Eglise, on conserve le Vase de bronze dont saint Laurent avait coutume de se servir pour conférer le baptême aux catéchumènes, et avec lequel il baptisa entre autres saint Romain, saint Hippolyte et les siens [2].

[1] Sainte Cyriaque est honorée le 23 du mois d'Août [h].

[h] Voir aux Pièces justificatives.

[2] Il y a indulgence plénière pour tous ceux qui prient devant le tombeau du Saint. Como, *Glor. posth. S. Laur.*, p. 229.

On garde encore avec grande vénération, dans la tribune, derrière une grille dorée, le marbre sur lequel le corps de saint Laurent fut mis après son martyre, et reposa de longues années. Les traces de sang et de graisse liquéfiée y sont parfaitement visibles, quoiqu'on en ait enlevé en plusieurs endroits pour les distribuer comme reliques.

Les fidèles ont eu de tout temps une grande dévotion pour la Basilique de Saint-Laurent. Il arrive souvent au voyageur attardé, au retour de ses courses dans l'Agro-Romano, de rencontrer, dans l'avenue solitaire qui conduit à la Basilique, des groupes nombreux d'hommes, de femmes et d'enfants, quelquefois des familles entières, qui s'y rendent le mardi soir, afin de prier pour les morts, et d'assister aux messes qui se célèbrent depuis minuit jusqu'à l'aurore.

Cette coutume est fort ancienne, et l'origine en remonte jusqu'à l'an 1062, époque à laquelle Alexandre II occupait la chaire de saint Pierre. Les auteurs ecclésiastiques, qui nous en ont conservé le souvenir, la rapportent ainsi [1].

[1] *F. Leonardus Udin., Serm. aur. SS. in fest. S. Laurent., in fine.*

En l'an de Notre-Seigneur 1062, un pieux moine remplissait dans le monastère de Saint-Laurent la fonction de sacristain. Il avait coutume de se lever, toutes les nuits, bien avant l'heure des matines, pour satisfaire sa dévotion en visitant successivement les autels de la Basilique. Or, il advint en une nuit du mardi au mercredi, — on était alors au mois d'août, — que, faisant sa visite habituelle avec une grande ferveur, et se disposant à se mettre en oraison auprès du maître-autel, il vit entrer dans la grande nef un personnage de haute stature, d'apparence noble, vénérable, et revêtu d'habits sacerdotaux. Après lui s'avançaient un Diacre, un Sous-Diacre, et les autres ministres qui concourent à la célébration d'une messe solennelle ; puis, suivait une foule de religieux, de soldats, de seigneurs, pour assister à la cérémonie. Plein d'étonnement à cette vue, le moine s'approche du Diacre, et lui demande avec beaucoup d'humilité et de respect :

tit. 7, *De Pœnit.* — Severano, *op. cit.*, t. I, p. 666. — Costanzi, *l'Osservatore di Roma*, t. II, p. 34. — Piazza, *Menologio Romano*, p. 431 *et seq.*

« Qui êtes-vous donc, et quelle est cette auguste assemblée? »

Le Diacre lui répondit :

« Celui que tu vois revêtu du costume pontifical est l'apôtre saint Pierre. Je suis Laurent, qui, en ce jour de mercredi, jour où Notre-Seigneur Jésus-Christ a été trahi, ai souffert d'une manière si cruelle par amour pour lui. Le Sous-Diacre est le proto-martyr Etienne; les ministres sont des anges, et les autres assistants des apôtres, des confesseurs, des martyrs et des vierges. Afin que cette solennité et les honneurs qui me sont rendus soient connus du monde entier, j'ai voulu que tu en fusses témoin, et que, aussitôt le jour venu, tu allasses en rendre compte au Souverain Pontife. Tu lui diras de venir célébrer dans cette Basilique avec son clergé, et d'accorder, à perpétuité, l'indulgence qu'il jugera convenable.

— Et comment ajoutera-t-il foi à mon récit? » répliqua le religieux.

Alors Laurent détacha sa ceinture et la lui remit comme gage de la vérité de ses paroles. — Puis la vision disparut.

Le successeur de saint Pierre et le sacré Collége, ayant entendu ce merveilleux récit, vinrent à la basilique de Saint-Laurent. Or, le cortége rencontra, chemin faisant, un mort qu'on portait en terre. Alexandre II, s'étant mis en prières, posa la ceinture du Martyr sur le corps du défunt qui revint à la vie. La vérité de la vision fut ainsi confirmée; le Pape en rendit grâces à Dieu et au Saint. Il arriva à la Basilique, y offrit le saint Sacrifice, et accorda une indulgence perpétuelle de quarante années et autant de quarantaines à tous ceux qui, s'étant confessés et ayant communié, visiteraient, quelque mercredi de l'année que ce fût, une Eglise placée sous l'invocation de saint Laurent.

Entre les saints qui eurent le plus de dévotion à cette Basilique, il faut nommer sainte Brigitte et sa fille, sainte Catherine de Suède[1]. Venues des contrées lointaines du Nord au tombeau des saints Apôtres, ces deux saintes étrangères passaient les jours dans la visite des hôpitaux ou des lieux sanctifiés par le sang des martyrs. Le

[1] Surius, t. II. 22 Mars. *Vita S. Cath.*, c. VIII. — Severano, *Mem. sacr.* — Piazza, *Emerologio*, p. 435.

culte de prédilection que Brigitte eut toute sa vie pour saint Laurent, la rendait encore plus assidue à ne laisser passer aucune occasion sans lui rendre ses hommages. Mais l'anarchie et les troubles auxquels Rome était livrée en l'absence des Papes, lors de leur résidence à Avignon, rendaient les chemins peu sûrs, et ne permettaient qu'à de rares intervalles à la pieuse princesse de se rendre de la place Farnèse [1] à la Basilique-hors-des-murs.

Le jour de la fête du Bienheureux, Brigitte voulut cependant y conduire sa fille. Mais celle-ci, sachant qu'elle était l'objet des poursuites d'un jeune Comte Romain, et craignant que le refus qu'elle avait fait de lui donner sa main ne l'excitât à des violences envers elle, hésitait à se rendre aux désirs de sa mère. La sainte veuve l'assura que saint Laurent saurait bien la garantir des périls qui pourraient la menacer; puis toutes deux se signèrent et sortirent courageusement de leur demeure.

A peine avaient-elles parcouru la moitié de la

[1] La maison de sainte Brigitte sur la place Farnèse est maintenant occupée par les religieux de Sainte-Croix, du Mans. L'hospitalité la plus

route, que le Comte qui les attendait, s'élança vers Catherine. Mais au même moment sa criminelle témérité fut punie : ses yeux se voilèrent, et demeurèrent complètement privés de lumière. Glacé d'épouvante, et reconnaissant la main de Dieu dans ce cruel châtiment, le Comte se fit conduire à la Basilique de Saint-Laurent. Là, agenouillé auprès de la Confession, il demanda humblement aux saintes femmes de lui obtenir le pardon de sa coupable conduite, promettant non-seulement de ne plus persécuter Catherine à l'avenir, mais encore de la défendre lui-même. La mère et la fille s'étant mises en prières, et ayant invoqué saint Laurent, l'aveugle recouvra aussitôt la vue.

Tels sont, en abrégé, les principaux traits qui se rattachent à cette célèbre Eglise, qui, plus qu'aucun autre lieu du monde, est devenue l'apanage spécial et le sanctuaire privilégié de la gloire et de la puissance de saint Laurent [1].

Le nombre des autres Eglises élevées en son

généreuse et la plus bienveillante y est offerte à tous les membres du clergé qui veulent suivre les cours des Universités Romaines, ou désirent seulement passer quelques jours dans la Ville Sainte.

1 Voir aux Pièces justificatives.

honneur dans l'enceinte même de Rome, est si grand qu'on ne peut, malgré les beautés particulières que chacune d'elles renferme, en tracer qu'un simple souvenir.

Tous les lieux sanctifiés par sa passion, tous ses pas, pour ainsi dire, ont été marqués par un édifice religieux, afin d'éterniser en quelque sorte, comme les stations de la *voie douloureuse*, la mémoire et la véracité des récits de son cruel martyre.

Nous avons déjà nommé la belle Eglise de Sainte-Cyriaque, au mont Aventin, devenue, depuis l'Archidiacre de saint Sixte, le titre héréditaire du premier des Cardinaux-Diacres [1].

Une autre, au pied du Capitole, marque l'habitation qu'il s'était choisie dans l'ancienne Rome. C'était autrefois une Eglise paroissiale connue sous le nom de Saint-Laurent-*ad-Montes* [2].

Non loin de là, au milieu du Forum Romain, dans un lieu peu éloigné du temple de Jupiter, où saint Laurent endura de si grands tourments,

[1] Ciacconius, *in Actis S. Sixti II.* — Floravant, *in Rom. Æd. sacr.*

[2] Como, *opus cit.*, p. 236.

et où peut-être il rencontra saint Sixte, on admire l'Eglise de Saint-Laurent-in-Miranda, ainsi appelée, dit un auteur, à cause de sa merveilleuse architecture; car les colonnes monolithes en marbre vert de son atrium n'ont pas moins de quarante pieds de hauteur, et de quinze de circonférence [1].

La religion a également consacré la maison d'Hippolyte, la partie du moins qui s'élève au-dessus de la prison témoin des prodiges qu'il y opéra pendant les jours de son arrestation.

Enfin, sur le sommet du Viminal on montre, sous l'Eglise bâtie en son honneur, le lieu où il subit l'affreux supplice du feu.

Les autres Eglises, sans avoir un intérêt historique égal à celui des précédentes, n'en conservent pas moins quelques précieux souvenirs du saint Lévite. Ainsi, la somptueuse Basilique de Saint-Laurent-in-Damaso, édifiée par le Pape

[1] C'était autrefois un temple dédié à l'empereur Antonin et à son épouse Faustine, ainsi que l'indique l'inscription qu'on lit encore sur la frise :

DIVO ANTONINO. DIVAE FAUSTINAE.

Malgré les déblais de 15 pieds qu'on a faits pour mettre à découvert la base des colonnes, la Voie sacrée n'apparaît pas encore, et ne se trouve qu'à 15 pieds plus bas.

saint Damase, Espagnol de naissance et compatriote du Saint, rappelle, par les hommages que Laurent y reçoit avec le saint fondateur, leur commune origine [1]. Ainsi ne sont point séparés dans les honneurs qu'ils reçoivent, disait Paul, Diacre, au VIe siècle, ceux qu'engendra une même patrie.

Au reste, le nombre de vingt-quatre Eglises spécialement dédiées au culte de saint Laurent, dans la Ville même, peut donner une juste idée de la vénération des Romains pour leur glorieux Patron [2].

La gloire de son martyre, après avoir brillé, au rapport de saint Léon, depuis l'Orient jusqu'à l'Occident, devait laisser des traces durables et proportionnées à l'éclat qu'il répandit dans l'uni-

[1] Dans la restauration entreprise par le cardinal Farnèse, on découvrit l'inscription que saint Damase avait fait mettre lors de la fondation de l'Eglise. Elle est ainsi conçue :

T. I: X. N. EGO DAMASI
VS. VRB ROME EPS. AN
C DOMV COSECRAVI.
N. R. D. S. M. S. PA. S. PE.

Titulus in Christi nomine. Ego Damasius, urbis Romæ Episcopus, hanc domum consecravi, nona regione dicatam, Septembris mense. Sanctus Paulus, sanctus Petrus. Bianchini, p. 145.

[2] Como, p. 241.

vers. En effet, il n'est peut-être pas de Saint, après la Mère de Dieu, qui ait vu s'élever plus d'autels en son honneur dans le monde catholique. Plusieurs provinces, un grand nombre de villes, des villages, des localités que l'on ne saurait compter, l'ont pris pour Intercesseur spécial auprès de Dieu [j].

Au nombre des monuments commémoratifs de la gloire de saint Laurent, hors de Rome, se présente, en Italie, comme digne de fixer l'attention, la Cathédrale de Viterbe, remarquable et par son architecture noble et gracieuse, et par les tombeaux de plusieurs Papes qui y ont choisi leur sépulture, et par les priviléges extraordinaires de ses nombreux chanoines, qui, à l'exception de la crosse, ont droit à tous les insignes de l'épiscopat dans les cérémonies.

Presque égales à celle-ci par leurs priviléges, les Cathédrales de Pérouse [1] et de Gênes lui sont bien supérieures en architecture; la dernière surtout est une des merveilles de l'art en Italie.

j Voir aux Pièces justificatives.

1 On montre dans le trésor de la Cathédrale l'anneau des fiançailles de la sainte Vierge.

La profusion des marbres et des dorures, les richesses de toute sorte qui décorent ce somptueux monument, ont mérité à la ville qui le consacra à son ancien Hôte, le surnom de Gênes-la-Superbe.

En France, on voit, sous le vocable de saint Laurent, les Cathédrales de Clermont, de Laon en partie[1], une des principales Eglises de Paris, et quelques autres dans les provinces.

Au milieu de ce concert unanime d'hommages de l'univers catholique, l'Espagne ne pouvait rester en arrière pour l'un de ses plus illustres enfants. Aussi le fit-elle d'une manière digne de ses obligations.

Après la grande Eglise d'Huesca, où il prit naissance, et la splendide Cathédrale de Burgos, elle lui consacra ce que les historiens du temps appellent, et ce que l'on pourrait encore appeler de nos jours la huitième merveille du monde, l'Escurial : tout à la fois Eglise aux vastes proportions, palais des souverains du royaume, immense bibliothèque, couvent, musée et collége, c'est-à-dire tout ce que la main et le génie

[1] Labbe, t. II.

de l'homme ont pu inventer et produire de plus noble, de plus beau et de plus grand dans ce monde[1].

[1] Commencé en 1563 par le roi Philippe II, ce gigantesque édifice ne coûta pas moins de cinquante millions, et ne fut terminé que sous Philippe IV. Les deux inscriptions suivantes en font foi.

D. Laurent. mart.

Philipp. II, omn. Hisp. regn., utriusque Sicil., Hiero., etc., Rex, hujus templi primum dicavit lapidem, D. Bernardi sacro die, ann. MDLXIII. Res divina fieri in eo cœpta pridiè festum D. Laurentii, anno MDLXXXVI.

D. O. M.

Locus sacer mortalitatis exuviis catholicorum regum a Restauratore vitæ, cujus aræ Max. Austriacâ adhuc pietate subjacent, optatam diem exspectantium : quam posthumam sedem sibi et suis Carolus Cæsarum Max. in votis habuit, Philippus II regum prudentiss. elegit, Philippus III verè pius inchoavit, Philippus IV clementiâ, constantiâ, religione magnus, auxit, ornavit, absolvit Anno Dom. MDCLIV.

CHAPITRE VIII

CHAPITRE VIII

Reliques de saint Laurent. — On conserve encore sa tête à Rome. — Translation de son bras à Laon. — Miracle de la liquéfaction de son sang.

Christus Dominus Sanctorum reliquias velut salutiferos fontes præbuit, ex quibus plurima beneficia manant.

S. JEAN DAMASC. LIV. IV. C. 16.

Plus on remonte dans les siècles, plus les témoignages de vénération apparaissent vifs et ardents, comme la foi de ces âges, envers les restes sacrés du saint Martyr, envers ce corps qui a glorifié et porté Dieu en lui sur cette terre. Aussi, durant de longues années, Rome se glorifia-t-elle de posséder seule les os de l'incomparable Laurent, et elle les estimait plus puissants pour sa défense que ses vieilles murailles, qu'elle essayait en vain d'opposer aux Barbares qui l'environnaient de tous côtés.

Retiré du tombeau à une époque inconnue, le chef du Martyr, non plus que ceux des Apôtres Pierre et Paul [1], ne pouvait jamais quitter la ville sainte. On le vénère à part dans l'une des chapelles privées du Quirinal [2]. Cette tête est à elle seule la preuve la plus évidente du genre de supplice de saint Laurent. Les chairs et la peau en sont entièrement conservées, mais les cheveux et les sourcils ont été consumés. Le côté droit principalement et les lèvres, rétrécies et crispées,

[1] François Posterla pense que ce fut au temps du pape saint Sylvestre, lorsque ce même Pontife fit retirer du tombeau et enchâsser séparément les têtes des Apôtres saint Pierre et saint Paul.

[2] Les Bollandistes parlent d'une tête conservée à Gladbac, au diocèse de Cologne, et que les habitants de ces contrées font passer pour le chef de notre Saint. Mais, outre le manque absolu de documents, et l'origine suspecte de ce chef, il faudrait convenir, d'après les reliques que l'on montre à Cologne et dans les environs, que Rome aurait envoyé à ces peuples presque tout le corps du Martyr. Ce qui ne saurait avoir eu lieu. On pourrait donc leur répondre, comme Clément IV le fit à Isabelle, sœur de saint Louis, à laquelle on avait offert la tête d'un saint Paul comme étant celle de l'Apôtre des nations : *Scias, filia, Apostolorum capita Romæ indubitanter haberi. Quòd si forsitan caput B. Pauli Apostoli apud te esse putes, depone conscientiam, ne fallaris; neve ponas scandalum matri tuæ Romanæ Ecclesiæ.*

conservent, à ne laisser aucun doute, les traces du feu. Les paupières entr'ouvertes laissent voir des yeux desséchés et vitreux, dont le feu également a brûlé la lumière.

De nos jours, en l'année mil huit cent soixante, comme au temps des grandes calamités, à l'approche de l'invasion Piémontaise, le saint Pontife Pie IX l'a fait solennellement descendre au milieu de Rome[1], pour que le peuple, par des prières plus pressantes encore, vînt implorer le secours du grand Défenseur du Patrimoine de l'Eglise Romaine.

Une lettre de saint Grégoire le Grand à la princesse Constance, témoigne que, avant le VIe siècle, on n'avait encore fait aucune distraction du corps. « Mon prédécesseur de sainte mémoire[2], dit-il dans cette lettre, voulut faire quelques réparations au tombeau de saint Laurent. Les ouvriers qu'il employait ayant curieusement ouvert la tombe, il arriva que ces mêmes ouvriers, les religieux et les mansionnaires qui virent le saint corps, moururent tous dans l'espace de dix jours. Sachez

[1] Dans l'Eglise de Saint-Laurent *in Damaso*.

[2] Le Pape Pélage II.

donc, très-illustre Dame, que ce n'est pas la coutume de l'Eglise Romaine de toucher aux corps saints pour en distribuer les ossements. Elle envoie seulement un *brandeum*, ou linge mis en contact avec les pieuses reliques. Au temps du saint pape Léon, comme quelques Orientaux paraissaient douter, en sa présence, de l'efficacité de ces sortes de reliques, le Pontife prit un brandeum du Martyr, et, l'ayant coupé avec des ciseaux, il en sortit du sang[1]. »

Aujourd'hui, quoique Rome en ait fait de nombreuses distributions aux Eglises, la plus grande partie du saint corps repose toujours dans le lieu où saint Justin l'a déposé.

Dès les temps les plus reculés, on prit grand soin de conserver à la postérité les instruments du supplice du Martyr. Saint Léon le Grand y fait allusion dans une de ses homélies, en disant qu'ils étaient devenus comme les plus glorieux insignes de son triomphe. Vers l'an cinq cent

[1] *Undè contigit ut, beatæ recordationis Leonis Papæ temporibus, cùm quidam Græci de talibus reliquiis dubitarent, prædictus Pontifex hoc ipsum brandeum, allatis forcipibus, inciderit, et ex ipsâ incisione sanguis effluxerit. S. Greg. Op., l.* III, *epist.* 30. — *Serm.* LXXXV, *editio Ballerini.*

dix-neuf, le Pape Hormisdas détacha quelques particules du gril pour les envoyer à l'Empereur Justin, qui l'en avait instamment prié par ses ambassadeurs [1].

Au XIIe siècle, Pascal II voulut le retirer lui-même de dessous l'autel de Saint-Laurent-in-Lucina où il était conservé [2]. C'est dans cette Eglise qu'on le montre encore, bien diminué, il est vrai, de son intégrité, mais conservant toujours son ancienne forme et ses principales dimensions. Il a un peu plus d'un mètre de long, sur soixante centimètres de large [3].

Dans cette même église, on expose aussi à la piété des fidèles la chaîne qui servit à attacher le saint Diacre sur le gril, et la fourche employée par les bourreaux pour l'y maintenir; deux ampoules remplies de sa graisse et de son sang; des cendres, des charbons imprégnés et, pour

[1] *Filius vester magnificus vir Justinianus, res convenientes fidei suæ, faciens basilicam sanctorum Apostolorum, in quâ desiderat et beati Laurentii reliquias esse.... petit de catenis sanctorum Apostolorum, si possibile est, et de craticulâ S. Laurentii, martyris.* Baronius, *ad ann.* 519.

[2] Ciaconio, *in Posc. II.*

[3] Au XVIIe siècle, le Cardinal Ludovisius fit enfermer le gril dans cette magnifique châsse en bronze, où on le vénère maintenant.

ainsi dire, éteints par la graisse qui découlait de son corps, et par les lambeaux de chair qui s'en détachaient.

La grande Basilique-hors-des-murs possède une partie des mêmes reliques, avec celles que nous avons mentionnées dans le chapitre précédent.

L'Eglise cathédrale de Laon, par une faveur bien précieuse et qui mérite d'être rapportée, a, depuis des siècles, en sa possession le bras gauche du saint Martyr. Voici comment l'histoire est racontée dans les Chroniques de l'ordre de Prémontré.

Au commencement du XIIIe siècle, dans le monastère des Prémontrés de Laon, vivait un Religieux de très-grande vertu : il avait nom Thomas, et se distinguait par une piété singulière envers saint Laurent. Une nuit, pendant son sommeil, il lui sembla entendre une voix venue du ciel, qui lui disait : « Sors de ce lieu, et n'y rentre pas avant que je te l'ordonne. » Thomas crut d'abord que c'était une illusion ; mais le même ordre lui ayant été réitéré jusqu'à trois fois, il en avertit l'Abbé et les Religieux. Ceux-ci en tinrent peu de compte; plusieurs même s'en raillèrent. Thomas, cependant, que rien ne pouvait ébranler, et intérieurement persuadé que l'avertissement venait de Dieu, sans avertir personne, sortit un jour du monastère, n'emportant avec lui que son bréviaire.

Dans le cours de ses pérégrinations à travers le monde, il parvint jusque dans la Palestine, et résolut enfin de terminer à Jérusalem le reste de ses jours. Il fit connaître sa résolution à un saint Prêtre qu'il avait choisi pour directeur. Celui-ci fut d'un avis contraire et lui ordonna de retourner incontinent dans son monastère. Le Religieux obéit, se remit en route, et, quelque temps après, aborda sur les rivages de l'Europe, en prenant son chemin par la Hongrie. Au diocèse d'Agram, l'humble Pèlerin s'arrêta dans un couvent de Prémontrés. Ses Frères le reçurent avec grande bonté, et lui firent visiter les principales pièces de leur monastère : la riche bibliothèque, l'église, la sacristie surtout qui renfermait des reliques nombreuses, mais déposées avec assez de négligence dans de vieilles châsses délabrées et couvertes de poussière.

En examinant curieusement sur son passage le nom des reliques, il arriva vers une châsse qui renfermait un bras encore entier et revêtu de sa chair. L'inscription indiquait que c'était le bras de saint Laurent. A cette vue, comprimant à peine l'émotion dont il était rempli, Thomas dit en lui-même : « Ah ! bienheureux Saint, je comprends maintenant l'ordre que vous m'avez donné. Secourez-moi à cette heure, afin que je puisse emporter votre sainte relique en des contrées où elle sera environnée de plus d'honneur. »

Quelques jours après, pendant que les Frères étaient à matines, il s'introduisit dans la sacristie, ouvrit la châsse, et en retira le bras qu'il emporta dans sa chambre, attendant le moment favorable pour s'enfuir avec son pieux larcin. Le Saint lui apparut une seconde fois, lui dit de ne rien craindre et de retourner en son couvent. Vers le soir du même jour, lorsque les Religieux furent rentrés dans leurs cellules, Thomas sortit sans être vu ; puis, sans presque se donner de repos, marchant toujours à pied, il traversa une partie de la Hongrie et de l'Allemagne, et arriva près de Laon, sur une terre dépendante de son couvent. De là, il envoya prévenir l'Abbé de son retour et du trésor qu'il apportait avec lui. Bientôt la nouvelle de son arrivée se répandit de toute part. L'Evêque de Laon, accompagné de l'Abbé de Prémontré et d'une foule immense de peuple, se rendit au-devant de la sainte relique. En présence de toute cette multitude, il expliqua comment le bras du saint Martyr était passé de Rome à Antioche, de là en Hongrie, et enfin était parvenu heureusement dans leur ville, grâce à la piété du frère Thomas.

Heureuse donc la ville de Laon, d'avoir été choisie par le Martyr lui-même pour être la gardienne de ses restes sacrés! Plus heureuse encore, cette cité, si elle a conservé pour ce précieux gage de la protection divine le même respect, le même amour dont l'environnaient les siècles passés [1]!

Il n'est pas dans notre intention de faire ici l'histoire des reliques vraies ou prétendues de saint Laurent, encore moins d'entrer dans aucune discussion relativement à leur authenticité ou à

[1] *Bibliotheca Præmonstrasensis*, *lib.* II, *in vitâ B. Thomæ.*

leur provenance. Entre un si grand nombre de Saints qui ont porté le même nom que l'Archidiacre de Rome[1], sans accuser la mauvaise foi, il peut se faire que dans la suite du temps qui mêle et confond l'origine des choses, on ait reçu, sous le nom du plus célèbre de tous, des ossements appartenant à d'autres [k].

Une des reliques de saint Laurent dont l'origine n'offre aucun doute, puisqu'elle est attestée par des preuves surnaturelles, c'est la sainte Ampoule du diocèse de Ferentino, en Italie.

Dans un bourg, près de cette dernière ville, on conserve, de temps immémorial, une ampoule de verre renfermant du sang du Martyr, desséché et adhérent aux parois du vase. Durant la plus grande partie de l'année, il demeure en cet état de coagulation; mais à l'approche du 10 Août, dès le soir des premières vêpres de la fête, il commence à se liquéfier et à entrer en ébullition, comme si le Martyr était de nouveau étendu sur des charbons brûlants. La graisse se

[1] On compte à peu près vingt saints ou bienheureux qui portent le nom de Laurent.

[k] Voir aux Pièces justificatives.

sépare du sang, et surnage comme l'huile sur l'eau. Lorsque les solennités de l'octave sont accomplies, vers le soir du huitième jour, le sang se fond de nouveau avec la graisse et se sèche comme auparavant. De nombreuses populations accourent, chaque année, des contrées voisines, pour contempler ce prodige vivant et perpétuel que l'incrédulité ou la mauvaise foi s'efforcerait en vain de révoquer en doute.

Au XVIe siècle, le Pape Paul V, voulant s'assurer davantage de l'authenticité du miracle, députa sur les lieux quelques-uns des personnages les plus éminents de la cour pontificale, pour en être eux-mêmes témoins, et lui faire un rapport circonstancié. A leur retour, les commissaires apostoliques confirmèrent en tous points, dans leur écrit, les circonstances et la vérité incontestable du prodige, et rapportèrent en outre quelques gouttes de ce sang miraculeux que le Pape fit renfermer dans un riche reliquaire d'or, et déposer dans le trésor de Sainte-Marie-Majeure [1].

[1] Aringhi, *lib.* I, *cap.* 28. — *Memorie della vita di S. Lorenzo.* Anonyme, p. 50.

En France, plusieurs églises, comme celles de Sens, du Mans, de Paris, obtinrent autrefois des Souverains Pontifes quelques reliques du Bienheureux. On lit dans la vie de saint Hidulphe, par Dom Mabillon, que, dans un Monastère fondé par saint Gundebert, archevêque de Sens, les exorcistes ne purent chasser le démon du corps d'un possédé qu'en lui imposant des reliques de saint Laurent sur la tête [1].

Enfin, l'on montre à Rome, dans l'église de Sainte-Barbe, une grande partie de sa tunique. Le reste de ses vêtements est conservé dans l'ancienne chapelle de notre Saint au palais de Latran, appelée, à cause des reliques insignes que les Papes y avaient réunies, Saint-Laurent *ad Sancta Sanctorum*.

[1] Mabillon, t. IV. *Vit. sanct. ord. S. Bened., ad annum* 707.

CHAPITRE IX

CHAPITRE IX

Nombreux miracles obtenus par l'intercession de saint Laurent. Ses diverses apparitions. — Conclusion.

Comme le palmier, je multiplierai mes jours... et ma gloire se renouvellera sans cesse. JOB. XXIX.

La gloire des grands de ce monde passe vite, et descend bientôt avec eux dans l'oubli du tombeau. C'est que leur force et l'éclat qui les environne, ne reposent que sur un bras de chair que la mort abat, ou sur de vains monuments que le temps ou la main de l'homme détruit. La gloire des Saints, au contraire, comme autrefois le disait Job [1], va sans cesse se renouvelant d'âge en âge. Dieu laisse tomber sur eux quelques rayons de sa propre gloire, leur communique la vertu de sa toute-puissance, et nous les montre, pour ainsi dire, comme ce Juif fidèle dont il est parlé au livre d'Esther [2], revêtus de la pourpre, ceints du royal diadème de la divinité, traversant le cours des siècles pour s'offrir à la vénération des fidèles. Ainsi est honoré celui qu'il veut honorer.

Tel nous apparaît saint Laurent à travers les siècles. Les prodiges qui signalèrent les derniers jours de la vie si courte du jeune Lévite, ne furent que le prélude des merveilles innombrables par lesquelles Dieu se plut à récompenser la force de son amour; car, pour sa fidélité à garder les trésors de son Eglise, il lui donna le droit de disposer de toutes les richesses du ciel.

Les miracles qu'il avait opérés à Rome seulement, au IVe siècle, étaient si nombreux que saint Augustin nous dit qu'il ne pourrait les

[1] Job. XXIX. 20.

[2] Esther. VI.

Pl. 1

VUE DU TOMBEAU DE S^T LAZARE

raconter [1]. Que serait-ce donc si, après quinze cents ans, il fallait rapporter ici tous ceux dont est semée l'histoire, et que les Pères de l'Eglise, comme les plus humbles chroniqueurs du Moyen âge, ont pris soin de nous transmettre?

L'Evêque d'Hippone, ce flambeau de l'Eglise d'Afrique, en racontant, dans une de ses homélies, les terribles effets des malédictions d'une mère sur ses dix enfants, nous apprend que l'un d'eux, le second, fut guéri d'un tremblement qui agitait tous ses membres, en priant dans un oratoire de saint Laurent, nouvellement érigé à Ravenne [2].

Saint Ambroise, dans le discours où il déplore si amèrement la mort de son frère Satyre, après l'avoir vu miraculeusement échapper au naufrage par la protection spéciale de saint Laurent, s'exprime ainsi : « Nous savons que saint Laurent, propice à tes vœux, t'avait délivré du naufrage. Plût à Dieu que tu lui eusses demandé non-seulement une heureuse traversée, mais encore la prolongation de tes jours! Celui qui avait pu

[1] *Beneficia ejus Romæ tàm clara sunt, ut numerari omninò non possint.* S. August., *serm.* CCVI.

[2] Aug., *serm.* CCCXXII, *edit. Maur.*

t'obtenir la première grâce, eût bien pu, certes, suspendre quelques années encore le bras de la mort [1]. »

Un autre Saint, qui, au titre si éminent de Docteur, ajoute celui de Grand, saint Grégoire, dans ses immortels *Dialogues* qui ont servi de types et de modèles aux agiographes des siècles suivants, nous fait connaître plusieurs traits relatifs à l'intervention de saint Laurent, vers le temps où il vivait.

Dans une peste qui désolait Rome, ce saint Pape lui-même n'avait pas cru trouver ailleurs un plus puissant secours que dans l'intercession du Martyr. Accompagné de son clergé et du peuple romain, le Pontife vint, pendant plusieurs jours, faire des supplications solennelles dans l'Eglise où se gardaient les instruments de son supplice, Saint-Laurent-in-Lucina. Bientôt, par l'effet de ses prières, le fléau cessa ses ravages et disparut entièrement de la ville [2].

[1] *Tuis votis apud sanctum Laurentium impetratum esse nunc cognoscimus commeatum; atque utinàm non solùm commeatum, sed etiam prolixum vitæ tempus rogâsses! Potuisses annos plurimos impetrare vivendi, qui potuisti commeatum impetrare veniendi.* S. Amb., *Orat. de Satyro, num.* 17 *et* 27, *edit. Maur.*

[2] Como, *op. cit.*, p. 353.

« Vers la même époque [1], les Lombards s'étant emparés de l'Italie, y exerçaient de grands ravages, n'épargnant pas plus les Eglises que les monuments profanes. Un saint Prêtre de la province de Nurcie appelé Sanctulus, ayant vu son Eglise, dédiée à saint Laurent, incendiée par ces barbares, ne se laissa point abattre par ce malheur; mais, animé par la grande confiance qu'il avait dans l'Elu de Dieu, il appela un grand nombre d'ouvriers pour travailler à la réédification de son Eglise. Dans l'extrême pénurie où le pays se trouvait réduit, à peine pouvait-il subvenir à leurs besoins, et leur procurer la nourriture de chaque jour. Enfin, dénué de ressources, le pain même vint à manquer. Les ouvriers commencèrent alors à s'élever fortement contre lui, et à le menacer d'abandonner les travaux, s'il ne leur fournissait au moins la nourriture. Le bon Prêtre, par de douces paroles, tâchait de les apaiser, leur promettant un secours qu'il n'espérait guère; car une grande anxiété régnait dans son cœur.

» Affligé et ne sachant à quoi se résoudre dans

[1] *S. Greg. Oper., lib.* III. *Dialog., cap.* 30.

cette extrémité, il se dirigeait, comme à l'aventure, vers le four public, lorsque, à son grand étonnement, il aperçut un pain d'une grandeur extraordinaire et d'une beauté peu commune. A cette vue, il rendit grâces à Dieu, et porta aussitôt ce pain providentiel à ses ouvriers, non toutefois sans s'être informé s'il n'appartenait pas à celui qui avait cuit le dernier. Après le repas, les fragments recueillis se trouvèrent plus considérables que le pain lui-même. Ce miracle se renouvela de la même manière les jours suivants, et continua jusqu'au dixième, où il cessa. Ainsi fut récompensée la confiance que ce bon Prêtre avait mise en saint Laurent. »

Un autre fait qui prouve également le soin spécial que saint Laurent prend des Temples qui lui sont consacrés, nous a été transmis par un contemporain de saint Grégoire, son glorieux homonyme, saint Grégoire de Tours [1]. Il s'exprime ainsi :

« Il y avait à Brionas, dans le Tyrol, une Eglise dédiée à saint Laurent, dont le toit, par son état de vétusté, menaçait ruine et demandait

[1] Grég. de Tours, *De gloriâ martyrum*, *l.* 1, *cap.* 42.

une urgente réparation. Le zèle des habitants suppléant à leurs richesses, ils allèrent à une assez grande distance couper les arbres nécessaires, et les firent descendre par eau jusqu'au lieu où ils devaient être employés. Mais quand il fallut poser une des poutres principales, elle se trouva trop courte. A la vue de cette perte irrémédiable, le Prêtre attaché au service de l'église, levant les yeux au ciel, s'écria avec larmes : « Bienheureux Laurent, glorifiez-vous » vous-même ! Vous avez toujours été le refuge » des pauvres et des affligés : voyez ma pauvreté. » Je suis sans ressources aucunes, et ne puis » acheter un autre arbre. »

» Aussitôt, au grand étonnement du peuple assemblé, on vit la poutre croître, et s'allonger jusqu'au point marqué pour atteindre la mesure qu'elle devait avoir. L'extrémité inutile de la poutre, qu'on croyait pieusement avoir été touchée et allongée par la main du Saint, fut coupée par le Prêtre, qui s'en servit pour opérer une foule de guérisons miraculeuses, entre autres pour rendre la vue aux aveugles. »

Ce dernier prodige est aussi attesté par un

célèbre poëte du VIIe siècle, Venantius Fortunatus [1].

« J'ai vu un homme, ajoute saint Grégoire, atteint d'un violent mal de dents, lequel n'eut pas plus tôt fait toucher de ce bois à la partie malade, que la douleur cessa. »

C'est peut-être en raison de ce fait, qui paraît avoir eu autrefois un grand retentissement, et grâces à ces sortes de reliques apportées en France, que saint Laurent y était et y est encore invoqué, principalement pour les maux de dents, dans un grand nombre de localités.

Une autre légende non moins populaire au Moyen âge, est celle que le Pape Honorius a fait représenter sur les murs de l'Atrium de

1 *Laurenti meritò flammis vitalibus uste,*
Qui ferventi fide victor ab igne redis,
Dùm tibi templa moveant, breviori robore, plebes,
Creverunt trabes, crevit et alma fides.
Stipite contracto tuâ se mercede tetendit,
Quantùm parva priùs, posteà cæsa fuit :
Crescere plus meruit succisa securibus arbor,
Et didicit sicca longior esse coma,
Undè recisa fuit : Populus fert indè salutem,
Si venit intrepidus lumina cæcus habet, etc.
Venant. Op. lib. XIX.

Saint-Laurent-hors-des-murs, et qu'on y aperçoit encore aujourd'hui [1].

On voit d'abord un ermitage : un vieux religieux est à la fenêtre, et semble converser avec une troupe de démons. La fresque suivante représente un Empereur mort, couché sur son lit de parade; du côté de la tête du défunt paraît un Ange lisant le livre des bonnes œuvres; à ses pieds est un démon lisant celui des mauvaises. Dans la troisième, les bonnes et les mauvaises actions sont placées sur une balance : le plateau des mauvaises, autour duquel rient les démons, paraît le plus pesant. Le quatrième tableau nous montre un Saint Personnage déposant quelque chose dans le plateau des bonnes œuvres, qui devient le plus lourd. Le sujet de ces tableaux est raconté de la manière suivante dans les écrits de saint Antonin [2] :

[1] Outre cette peinture, on en voit d'autres qui retracent divers traits de la vie de saint Etienne et de saint Laurent. Sur l'une d'elles l'on aperçoit ce dernier conférant le baptême à saint Romain, avec le même vase en bronze qui se conserve encore dans la sacristie. Un autre tableau représente Honorius III donnant la communion à Pierre de Courtenay, comte d'Auxerre, que le Pape venait de sacrer Empereur de Constantinople dans cette Basilique.

[2] S. Antonin, *Chron.*, part. II, tit. 16, c. 4. — Severano, *Mem. sacr.*, t. I, p. 663.

« Un pieux Ermite, étant en méditation dans sa cellule, entendit au dehors un fracas extraordinaire. Ayant ouvert la fenêtre, il demanda à haute voix la cause de ce bruit. Il lui fut répondu qu'une légion de démons passait, qui allaient assister à la mort de l'Empereur Henri, et voir s'ils auraient des droits sur son âme. Le saint homme, sans s'effrayer, adjura l'un des esprits infernaux de venir lui rapporter l'issue du jugement. Le démon revint en effet, et dit qu'ils n'avaient rien gagné. « Les bonnes et les » mauvaises actions de l'Empereur ont été mises » dans une balance, ajouta-t-il. On ne savait » encore lesquelles l'emporteraient, lorsque Lau- » rent le brûlé vint déposer un grand vase d'or » dans le plateau de droite, et fit ainsi pencher » la balance en faveur de l'Empereur : nous » sommes restés confondus. »

» A ces mots, le mauvais esprit s'éloigna. Le pieux Ermite se mit aussitôt en marche, et ne tarda pas à apprendre qu'en effet l'Empereur Henri était mort, et que le vase en question était un magnifique calice d'or, revêtu de pierreries, que l'Empereur avait consacré au glorieux Martyr dans une de ses Eglises. »

L'âme compatissante du saint jeune homme qui avait apporté dans ses fonctions tant de sollicitude et de courage pour soulager les infirmités physiques, semble encore avoir reçu pour mission spéciale, depuis son entrée dans la gloire, de rester fidèle à ce doux ministère de charité, et de continuer ses relations fréquentes avec les humbles et les pauvres.

Aucun Saint peut-être, comme le témoignent d'innombrables récits et l'attestent de pieux personnages, n'a apparu plus souvent aux hommes sur la terre. Sainte Brigitte s'entretint plusieurs fois avec lui, ainsi qu'en fait foi le livre de ses *Révélations* [1]. Il en fut de même de sainte Françoise Romaine [2], de la bienheureuse Herluca [3], qu'il visitait familièrement, et à laquelle il administra souvent la sainte Eucharistie de sa propre main. Il se manifesta également, à différentes reprises, à sainte Elisabeth

[1] *S. Brigittæ Op., lib.* I. *Revel., c.* 23

[2] Bolland., *die* 9 *Martii.*

[3] Bolland., *die* 18 *Aprilis.*

Schœnau [1], une fois, entre autres, la veille de son glorieux martyre, « mais environné, dit-elle, d'une gloire si intense qu'elle me semblait palpable. Sa couronne et la palme qu'il tenait à la main, avaient l'éclat et le reflet de l'or le plus pur. Puis, le Saint tourna vers moi son visage d'une douceur inénarrable, et son regard me remplit des plus douces consolations. » La bienheureuse Osanna, de l'ordre de Saint Dominique, jouissait aussi fort souvent des mêmes faveurs [2].

Ces apparitions, dont l'Eglise a pour ainsi dire reconnu la vérité en consacrant la sainteté de ceux qui les ont eues, nous disposent à écouter sans surprise bien d'autres traits, qui témoignent de l'intime familiarité du Martyr envers ceux qui l'honorent. En voici quelques-uns, remarquables par les curieuses circonstances qui les accompagnent.

Dans le célèbre monastère de Saint-Laurent de Liége [3], un Religieux, frère de ce Gislebert qui

[1] Como, *op. cit.*, p. 336.

[2] Bolland., *die* 18 *Junii*.

[3] *Ex Bernardino Pezio, in Thesauro anecdotorum*, t IV, part. 3.

composa des hymnes en l'honneur des Saints, à la suite d'une saignée imprudente, fut pris d'une fièvre violente qui, en peu de jours, le réduisit à l'extrémité. C'était la veille d'une des plus belles solennités du couvent, la fête du grand saint Martin. Pour éloigner le malade du bruit qu'amènent ces jours de fête, l'Abbé le fit conduire, sous la garde de quelques religieux, dans une des cellules les plus retirées du monastère. Là, étendu sur un lit de douleur, en proie aux ardeurs de la fièvre, le pauvre Frère, en entendant le joyeux carillon des cloches qui appelaient ses frères et les fidèles des environs aux offices de la nuit, déplorait encore plus amèrement son triste sort. Enfin, rempli de ces noires pensées, il s'endormit.

Mais à peine le sommeil avait-il fermé ses paupières, qu'un personnage revêtu d'une robe blanche, tenant à la main, comme un sceptre, une baguette d'ivoire, se présenta devant lui et parla ainsi : « Quelle joie, quel bonheur de pouvoir appliquer son âme aux choses divines! Celui-ci jouirait de cette consolation, s'il s'était plus appliqué à l'affaire de son salut. » Le Frère comprit que c'était le bienheureux Laurent, et attendit pour entendre quelque nouvelle parole. Le Saint le toucha de sa verge d'ivoire, et ajouta : « Qui de tous les Saints a fait descendre sur toi plus de bénédictions ? Elevé, instruit à l'ombre de mon monastère, qui, pour le salut de ton âme, t'a encore appris à servir Dieu ? » Comme le Frère continuait à garder le silence, le Saint reprit : « Réponds à l'instant, si tu ne veux voir dans peu arriver ta dernière heure ! » Tout tremblant, le malade répondit : « Ah ! Bienheureux, quelle excuse puis-je alléguer ? Oui, c'est vous qui avez pris soin de ma plus tendre enfance, et l'avez préservée des orages de la vie. J'ai grandi sous votre protection, dans ces lieux, comblé de vos grâces. »

Cependant, ayant achevé ces mots, il lui vint à l'esprit qu'il pouvait bien être le jouet d'une illusion, et aussitôt il se munit du signe de la croix. Le saint Martyr repartit : « Ce n'est pas un vain songe que tu as sous les yeux; car, en vertu de ce signe (le signe de la croix), le Seigneur a souvent daigné opérer par moi des miracles. » De plus en plus épouvantés en entendant ces paroles, les religieux témoins de ce qui se passait, se prosternèrent la face contre terre, demandant grâce et miséricorde. Alors le bienheureux Martyr, touché de leurs prières, ajouta : « Dieu ne veut pas la mort du pécheur, mais sa conversion. Voici donc qu'un nombre égal de jours à ceux que tu as déjà passés sur la terre, te sera accordé. Mais le souverain Juge t'en demandera un compte sévère ; moi-même je serai l'invisible témoin de toutes tes actions. » Puis, étendant la main, il toucha le malade et disparut. Au même instant le Religieux fut guéri, et alla, plein de joie, rendre grâces à Dieu dans l'Eglise où ses frères étaient encore assemblés.

Un prodige presque analogue pour les circonstances, est rapporté dans la vie de saint Bernard, par Guillaume de Saint-Thierry, témoin oculaire [1].

« Epuisé de fatigue, nous dit-il, et miné par une fièvre incessante, le saint abbé Bernard avait vu, en quelques jours, les restes de force qui animaient son corps déjà si affaibli, s'évanouir

[1] *Guillelmus Abbas*, *lib.* 1, *cap.* 6, *num.* 63.

peu à peu, et le conduire aux portes du tombeau. A cette funeste nouvelle, ses religieux et ses amis, au nombre desquels je me trouvais, dit l'annaliste, vinrent se ranger autour de sa couche, pour l'assister à sa dernière heure et honorer ses funérailles. Pendant que nous étions ainsi réunis auprès de lui, le saint homme eut une vision dans laquelle il lui semblait que son âme était transportée devant le tribunal du souverain Juge. Le démon se présentait pour faire l'office d'accusateur, et intenter contre elle une foule de récriminations. Mais le Saint ayant opposé à l'esprit de ténèbres les mérites infinis de la Passion de Jésus-Christ, il se retira couvert de confusion. La vision cessa, et Bernard revint à lui.

» Le soir, tandis que les religieux étaient allés, selon la coutume, prendre la collation, l'Abbé demeura seul avec deux frères pour le veiller. Ses douleurs augmentaient toujours, et, accablé sous le poids de la souffrance, il appela un des frères, et l'envoya à l'église prier pour lui devant chacun des autels. Il y en avait trois, consacrés le premier à la sainte Vierge, le second à saint Laurent, et le troisième à saint Benoît.

» A la même heure, la Vierge Marie, accompagnée de saint Laurent et de saint Benoît, se présentèrent auprès du malade. La douceur et la sérénité de leur visage étaient comme l'expression de la souveraine paix qui les inonde dans le ciel. Ils se manifestèrent d'une manière si distincte, qu'à leur entrée dans sa cellule le serviteur de Dieu les reconnut aussitôt. Ils s'approchèrent de Bernard, lui imposèrent les mains et touchèrent la partie malade. Par l'effet de ce saint attouchement, l'Abbé se trouva subitement guéri de son mal. La salive, qui jusqu'alors n'avait cessé de couler de sa bouche, s'arrêta à l'instant. »

Dans une lettre que saint Bernard écrivit, peu de temps après sa guérison, à Thibaud, comte de Champagne, il lui parle lui-même de son retour miraculeux à la santé.

Malgré le désir de continuer ces pages, et d'enregistrer encore tant de pieux récits, qui ont charmé et nourri la foi de nos pères, nous terminerons ici l'humble monument de reconnaissance que nous avons essayé d'élever à la gloire de saint Laurent. Recueillis çà et là dans l'histoire, où ces faits flottaient souvent épars et sans liaison, nous les avons rassemblés dans ce livre comme de saints débris, tout en conservant fidèlement le merveilleux de leur première origine.

« Je n'ignore point, dirai-je avec un païen [1], que cet esprit vulgaire qui ne se soucie pas que Dieu intervienne dans nos affaires, s'oppose aussi à ce que l'on publie les prodiges du passé. Mais je sens qu'un respect religieux m'astreint à reproduire ce que tant d'hommes sages ont cru devoir recueillir pour la postérité. »

Plaise à Dieu que l'exemple du grand Archidiacre de l'Eglise Romaine ranime la ferveur dans le peuple fidèle, et excite dans plusieurs le même héroïsme qu'il déploya pour la défense du Patrimoine de Jésus-Christ; en nos jours surtout où l'horizon devient sombre, où la propriété cesse

[1] *Non sum nescius ut eâdem negligentiâ quâ nihil deos portendere vulgò nunc credant, neque nuntiari admodùm ulla prodigia in publicum, neque in annales referri.... Quædam religio tenet, quâ illi prudentissimi viri publicè suscipienda censuerint ea pro dignis habere quæ in meos annales referam.* Tit. Liv., l. XLIII, c. 13.

d'être sacrée, où les menaces de l'impiété plus encore que de l'avarice, viennent de nouveau réclamer, avec le fer et le feu, ces mêmes biens pour lesquels, le premier, saint Laurent endura de si horribles supplices!

Ah! puisse-t-il veiller toujours avec amour sur ses enfants de la Cité-Sainte, et ne pas permettre qu'on entende encore ce dernier cri de leur désespoir : « Pierre, Paul et Laurent sont ensevelis dans nos murs, et Rome est saccagée par les barbares [1]! »

O Rome, ville trois fois heureuse! les dépouilles de la terre entière ont moins apporté de richesses dans tes murs que ne l'a fait Laurent, en te laissant son tombeau et ses ossements sacrés. Ah! que nous envions le bonheur de tes habitants, de pouvoir s'en approcher à toute heure, les baiser, les arroser de leurs larmes! Pour nous, relégués loin de ces lieux, nous ne pouvons franchir souvent la cime élevée des montagnes qui nous en séparent, afin de jouir de la même faveur. Mais, puisque nous sommes privés de ce bien, puisqu'il ne nous est pas permis de

[1] S. August., *De Civit. Dei.*

baiser l'empreinte de vos pas et les précieuses traces de votre sang, ô saint Martyr! nous regarderons le ciel où vous régnez; nous vous honorerons, du moins, dans ce séjour de la gloire, dont la vue est commune à toutes les nations.

APPENDICE

APPENDICE

Sermon septième de saint Augustin

POUR LA FÊTE DE SAINT LAURENT.

Je crois, mes frères, que vous connaissez tous la passion du bienheureux Laurent, dont nous célébrons aujourd'hui la naissance (*natalitia*), et je ne doute pas que votre charité ne sache tout ce qu'il a enduré pendant la persécution. La gloire de son martyre a été si grande, que son supplice a illuminé le monde entier. Oui,

Laurent a illuminé le monde entier de la lumière dont il a été embrasé, et les flammes de son martyre ont réchauffé le cœur des chrétiens.

Qui donc, après un tel exemple, ne voudrait, avec Laurent, brûler pour le Christ, afin d'être, avec Laurent, couronné par le Christ? Qui ne voudrait souffrir un instant le feu de Laurent, pour éviter le feu de l'enfer? Que l'exemple donc du bienheureux Laurent nous excite au martyre, ranime notre foi, enflamme notre dévotion. Si la flamme du persécuteur nous manque, celle de la foi ne nous manque pas. Nous ne pouvons, il est vrai, brûler pour le Christ dans notre corps; brûlons, du moins, pour lui dans notre âme. Le persécuteur ne me présente plus le feu du martyre, mais le Sauveur me présente celui de son amour. C'est de ce feu qu'il parle dans son Evangile, en disant : « Ne savez-vous pas que je suis venu apporter le feu sur la terre? Et que désiré-je, sinon qu'il s'allume! » De ce feu étaient embrasés Amahus et Cléophas, quand ils disaient : « Notre cœur n'était-il pas brûlant au dedans de nous, lorsqu'il nous découvrait le sens des Ecritures? »

Le bienheureux Laurent était aussi embrasé de ce feu; car il ne sentait pas le tourment des flammes; et, tandis qu'il brûle pour le Christ, il oublie le feu de la terre. Plus l'ardeur de la foi l'embrase, plus les flammes du supplice se refroidissent. La divine ardeur du Sauveur arrête l'ardeur matérielle du tyran. Le feu détruit ses membres, mais ne peut détruire la force de sa foi. Il perd son corps, mais il acquiert le ciel.

Non, mes frères, le bienheureux Laurent ne quitte pas la vie tout d'un coup et par un martyre ordinaire. Car ceux qui sont frappés du glaive ne meurent qu'une fois; ceux qui sont jetés sur les bûchers sont délivrés d'un seul coup. Mais lui, dans la longue durée de ses souffrances, il fut tourmenté par un double martyre; de sorte que la mort, présente à chaque instant à son supplice, manquait cependant pour le finir.

Il est rapporté que son cruel persécuteur le fit étendre sur un gril de fer, sous lequel il avait fait amasser un monceau de charbons embrasés; de façon, cependant, qu'il pût le tourmenter à loisir, sans le frapper d'une mort trop prompte, et, lorsqu'il verrait un côté assez rôti, le retourner sur l'autre.

Nous lisons de même qu'Ananias, Azarias et Misaël, ces bienheurenx enfants qui furent jetés par ordre du roi dans une fournaise ardente, se promenaient au milieu des flammes, et marchaient sur les charbons embrasés. Mais la gloire du bienheureux Laurent est supérieure. Car, si ces enfants marchaient au milieu des flammes, Laurent était étendu sur le feu; s'ils foulaient aux pieds les flammes, lui les éteignait par la substance qui découlait de son corps. Eux, dis-je, debout, les mains levées vers le ciel, priaient le Seigneur; Laurent, étendu sur le feu, priait par tout son corps.

Le bienheureux Laurent est retourné sur le dos, et ses reins sont brûlés par le feu, pour accomplir cette parole prophétique du Psaume, réalisée dans Laurent : « Eprouvez-moi, Seigneur; brûlez mes reins et mon cœur. » Dans cette prière, il demande à être brûlé de deux feux; car, s'il se fût agi seulement du feu terrestre, il lui eût suffi de présenter ses membres à la flamme; mais il parle aussi de son cœur, qui ne peut être brûlé que par celui du Christ. Il demande deux feux, pour montrer que, lorsqu'ils seront en présence, celui du Christ l'emportera sur celui du tyran.

Honorons donc, mes frères, le bienheureux Laurent, qui, triomphant par sa foi des flammes du persécuteur, nous enseigne, par la ferveur de cette même foi, à éviter les flammes de l'enfer, et, par l'amour du Christ, à ne pas craindre le jour du jugement.

Sermon troisième de saint Augustin

POUR LA FÊTE DE SAINT LAURENT.

I

L'Eglise Romaine offre, en ce jour, à notre piété le triomphe de saint Laurent, qui sut fouler aux pieds le monde et ses menaces, et mépriser ses caresses : double victoire contre les assauts du démon ! Rome, en effet, a été témoin et de la gloire et des vertus nombreuses qui, comme des fleurs variées, rehaussent l'éclat de la couronne du martyr Laurent. C'était dans cette Eglise même, mes frères, on vous l'a souvent répété, qu'il remplissait les fonctions de Diacre. C'est là qu'il distribua le sang sacré de Jésus-Christ; là aussi il versa son propre sang pour le nom de Jésus.

Il s'était assis avec prudence à la table du Prince, à cette table dont faisaient mention naguère les *Proverbes* de Salomon : « Si vous vous asseyez pour manger à la table du Prince, remarquez avec attention ce qui vous est servi; et, en portant la main sur les mets, pensez qu'il vous en faudra préparer de semblables. » L'apôtre saint Jean a clairement expliqué cette parabole, lorsqu'il a dit : « De même que Jésus-Christ a donné sa vie pour nous, ainsi nous devons donner la nôtre pour nos frères. » Cet enseignement chrétien, saint Laurent l'a compris; oui, et il l'a pratiqué : les mets qu'il a goûtés à la table du Prince, il les a servis à son tour. Il a aimé le Christ durant sa vie, et il l'a imité dans sa mort.

II

Imitons donc, nous aussi, mes frères, si nous aimons véritablement; car le fruit, comme la meilleure preuve de l'amour, c'est l'imitation. « Le Christ a souffert pour nous, nous laissant l'exemple, afin que nous suivions ses traces. » L'apôtre saint Pierre a semblé dire, dans ces paroles, que Jésus-Christ n'a souffert que pour ceux qui marchent sur ses traces, et qu'ainsi la Passion de Jésus-Christ n'est utile qu'à ses imitateurs.

Ils l'ont imité, les Martyrs, jusqu'à souffrir, jusqu'à verser leur sang comme lui. Ils l'ont imité, les Martyrs, et ils ne sont pas les seuls! Le pont sur lequel ils ont passé, n'a pas été rompu après eux; la source où ils ont bu, ne s'est point aussitôt tarie.

Quelle est, en effet, l'espérance des époux qui vivent chastes et en paix dans le mariage; des veuves qui opposent le frein de la continence aux suggestions de la chair; des fidèles qui, portant plus haut encore la sainteté, gardent le lis virginal, pour suivre l'Agneau partout où il ira? quelle est, dis-je, leur espérance? Quelle est la nôtre, à nous tous, s'il n'y a d'imitateur de Jésus-Christ que celui qui verse son sang pour lui? L'Eglise, notre Mère, perdra-t-elle donc ses fils qu'elle a enfantés d'autant plus nombreux qu'elle les enfantait pendant la paix? Pour prévenir leur perte, faudra-t-il demander la persécution, solliciter des épreuves? Non, mes frères; comment appellerais-je la tentation, lorsque chaque jour je dis : Ne nous induisez point en tentation?

Dans le jardin du Seigneur, il y a, mes frères, oui, il y a, et la rose des Martyrs, et le lis des Vierges, et le lierre des Epoux, et la violette des Veuves! Que personne se garde donc de désespérer de sa vocation au salut : le Christ est mort pour tous. C'est avec vérité qu'il a été écrit de lui : « Il veut que tous les hommes soient sauvés, et qu'ils viennent à la connaissance de la vérité. »

III

Comprenons donc comment le chrétien, sans verser son sang ni subir une mort douloureuse, doit suivre Jésus-Christ. En parlant du Sauveur, l'Apôtre dit : « Ayant la forme de Dieu, il n'a point cru que ce fût une usurpation de s'égaler à Dieu : quelle majesté! Cependant, il s'est anéanti lui-même, prenant la forme de serviteur, se faisant semblable aux hommes, et reconnu homme par ses actes extérieurs : quelle humilité!

Jésus-Christ s'est humilié : voilà, chrétien, un Modèle. Jésus-Christ s'est rendu obéissant : pourquoi s'enorgueillir? Jusqu'où a-t-il porté l'obéissance? jusqu'à se faire chair, lui Verbe de Dieu! jusqu'à revêtir notre nature sujette à la mort; jusqu'à permettre trois fois à Satan de le tenter; jusqu'à endurer les sarcasmes, les crachats, les fers, les soufflets, les fouets du peuple juif. Si ce n'est point assez, il a obéi jusqu'à la mort; et, s'il faut encore désigner le genre de mort, jusqu'à la mort de la croix.

Nous avons là un exemple d'humilité, un remède à notre orgueil. Pourquoi donc tant d'arrogance, ô homme? Pourquoi cette vaine enflure, chair d'un jour? Pourquoi ces prétentions, vil objet de dégoût? Vous frémissez, vous êtes hors de vous, votre sang bouillonne parce que vous avez reçu une injure! Qui vous permet de demander justice? qui autorise ces cris, cette soif de vengeance qui ne s'éteint que dans le sang de votre victime? Si vous êtes chrétien, attendez votre Roi : que le Christ se venge d'abord; les outrages dont il a été abreuvé pour vous, sont jusqu'ici restés impunis. Et, cependant, sa majesté souveraine eût pu se soustraire à l'injure ou s'en venger aussitôt; mais il a voulu que sa longanimité égalât sa puissance, et il a souffert pour nous, nous donnant l'exemple, afin que nous marchions sur ses traces.

Ainsi, mes frères, vous reconnaissez qu'en dehors de l'effusion du sang, des fers, des prisons, des fouets, des ongles de fer, il reste une voie large par laquelle nous pouvons marcher à la suite de Notre-Seigneur. Cette vie d'humiliations lui fit terrasser la mort, et il monta au ciel : là encore suivons-le. Pour cela, écoutons le grand Apôtre : « Si vous êtes ressuscités avec Jésus-Christ, recherchez les choses du ciel, où Jésus-Christ est assis à la droite de Dieu; n'ayez de goût que pour les choses d'en haut, et non pour celles d'ici-bas. »

Quelques plaisirs que le monde séducteur vous offre, rejetez-les; quelques menaces qu'il fasse entendre dans sa colère, méprisez-les. Celui qui agira ainsi peut croire, sans hésiter, qu'il est attaché aux pas du Sauveur, et, plein de confiance, répéter avec vérité ces paroles de saint Paul : « Notre conversation est dans les cieux. »

IV

Mais alors la vertu est inébranlable, si la charité est sincère ; et cette vertu vraie nous est donnée par Celui qui verse la charité dans nos cœurs. Quand saint Laurent ne redoutait-il point les feux allumés autour de lui, si ce n'est lorsque la flamme de la charité l'embrasait au dedans ? Ainsi, mes frères, notre glorieux Martyr ne tremblait point dans son corps à la vue des brasiers ardents, parce que son âme brûlait d'un vif désir des joies célestes. La flamme extérieure allumée par ses bourreaux, n'était que froid en comparaison du feu qui dévorait son cœur. Qu'est-ce qui lui faisait supporter la violence de tant de tourments, sinon l'heureuse perspective des récompenses éternelles? Qu'est-ce enfin qui le portait à ne point faire cas de la vie présente, sinon l'attrait d'une vie meilleure ?

« Qui peut vous nuire, dit saint Pierre, qui peut vous nuire, si vous n'aimez que le bien? » Que l'ennemi vous attaque : vous ne cesserez pour cela d'aimer le bien; car, si vous aimez sincèrement, de tout cœur, ce qui est bon, vous supporterez le mal avec patience et égalité d'âme. Quel mal ont fait à saint Laurent les tortures que ses bourreaux lui ont fait endurer? Ces supplices ont ajouté à l'éclat de sa gloire, et rendu cette fête plus solennelle par une mort plus précieuse.

HYMNES DE L'ÉGLISE GRECQUE

EN L'HONNEUR DE SAINT LAURENT[1]

ἘΝ ΤΗ͂Ι ἙΟΡΤΗ͂Ι ΤΟΥ͂ ἉΓΊΟΥ ΜΆΡΤΥΡΟΣ ΚΑΙ ἈΡΧΙΔΙΑΚΟΝΟΥ ΛΑΥΡΕΝΤΊΟΥ, ΕἸΣ ΤῸΝ ὌΡΘΡΟΝ, ΚΑΝῺΝ ΤΗ͂Σ ἙΟΡΤΗ͂Σ.

Ὠδὴ α'. Ἦχος δ'.

Λειμῶνι τῆς τρυφῆς, ὡς Χριστοῦ στρατιώτης, ἐπαξίως ἐντρυφῶν, καὶ ταῖς ἀγγελικαῖς συγχορεύων δυνάμεσιν, ἔλλαμψιν μοι φωτοφόρον δωρηθῆναι δυσώπησον ἀνυμνοῦντι σε, μάκαρ Λαυρέντιε.

[1] Reproduites intégralement d'après l'édition de la bibliothèque impériale. — *Ex Mæneis Græcæ Ecclesiæ, M. Augusto*, 10. (*Venetiis ap. Pinelli.*) 1535. *in-folio.*

Ἀγῶνας ὑποδὺς τοῦ σεπτοῦ μαρτυρίου νικηφόρος ἀθλητὴς στερρότητι ψυχῆς ἀνεδείχθης, Λαυρέντιε, στέφανον δικαιοσύνης εὐπρεπῶς ἐνδυσάμενος, καὶ διάδημα τὸ ἐπινίκιον.

Υἱὸς ὡς πέφυκας καὶ φωτὸς καὶ ἡμέρας, παραδόξως ἐκδυσμῶν ὡς ἥλιος ἡμῖν αἰσθητὸς ἀνατέταλκας, αἴγλῃ τῇ θαεινοτάτῃ καταυγάζων τὰ πέρατα, παραοίδιμε μάρτυς Λαυρέντιε.

Ῥυσθέντες τῷ σεπτῷ τοκετῷ σου, Παρθένε, τῶν τοῦ ᾅδου καὶ φθορᾶς δεσμῶν καὶ κοσμικῆς κατάκρισεως, ἄχραντε, χαῖρε, κεχαριτωμένη, εὐχαρίςως βοῶμεν σοι, ἡ σωτηριὸς πύλη τῆς χάριτος.

Ὠδὴ β'.

Τόξον δυνατῶν ἠσθένησεν, καὶ οἱ ἀσθενοῦντες περιεζώσαντο δύναμιν· διὰ τοῦτο εςερεώθη ἐν Κυρίῳ ἡ καρδία μου.

Ἔχων τοῦ σταυροῦ τὸ τρόπαιον πρὸς τοὺς ἀντιπάλους ῥωμαλαίως ἐχώρησας, καὶ νικήσας στεφανηφόρος ἀνεδείχθης, ἀξιάγαθε.

Νόμῳ τοῦ Χριςοῦ φραξάμενος τῇ νομοθεσίᾳ τῶν δυσσεβῶν ὡς ἀηττητὸς ἀντετάξω γενναιοτάτῃ καρτερίᾳ, παμμακάριςε.

Τόνῳ θεϊκῷ νευρούμενος τῆς πολυθείας τὴν ἀσθένειαν ἔλυσας, τοῦ Χριςοῦ δὲ τὴν πρὸ αἰώνων διετράνωσας θεότητα.

Ἴσος τῷ Πατρὶ καὶ Πνεύματι φύσει καὶ οὐσίᾳ καὶ θεότητι, γέγονε τοῖς ἀνθρώποις ἴσος ὁ Λόγος σαρκωθεὶς ἐκ σοῦ, πανάμωμε.

Ὠδὴ Γ'.

Ὁ Διάκονος τοῦ Λόγου καὶ τῷ Λογῳ κοσμούμενος, τῷ τοῦ Λόγου πόθῳ γνώμῃ τῆς ψυχῆς σφαγιάζεται, καὶ σὺν τῷ Λόγῳ δικαίως βασιλεῖ νῦν, εὐφροσύνης καὶ δόξης αὐτοῦ ἐμφορούμενος.

Νυσταγμὸν τῆς ἀσεβείας εὐσεβῶς ἐκενύςαξας ἐγρηγόσει θείᾳ τῆς μαρτυρικῆς σου ἐνςάσεως, ἀπὸ βλεφάρων τὸν ὕπνον τὸν εἰς θάνατον ἀπωσάμενος, Μάρτυς Χριςοῦ ἱερώτατε.

Κατὰ τῆς τῶν πλανωμένων δυσσεβῆς ὑπολήψεως ἀληθείας ὅπλοις θεοσεβείας φραξάμενος, ταύτης εἰς τέλος καθεῖλες τὸ μνημόσυνον, διὰ πίςεως καὶ γνωμικῆς διαθέσεως.

Ῥύπον πάντα τῆς προτέρας ἀποθέμενοι βρώσεως, τῆς ζωῆς τὸν ἄρτον ἐκ τοῦ οὐρανοῦ σιτιζόμεθα, τὸν ἐκ τῆς γῆς παρθένου ἀνατείλαντα, ἣν ὡς πρόξενον τῶν ἀγαθῶν μεγαλύνομεν.

Ὠδὴ δ'.

Ἀκλινεῖ τῷ βλέμματι ταῖς θείαις καλλοναῖς ἐνορῶν, πάντων τῶν τερπνῶν τῶν ἐν γῆ, Δαυρέντιε, καταπεφρόνηκας, καὶ δεινῶν τοῦ σώματος ἀλγηδόνων, ἀξιάγαθε.

Τὸν Χριςὸν Διάκονον ἡμῖν γενόμενον δωρεῶν τῶν ἐκ τοῦ Πατρὸς ἐπιγνούς, Διάκονος τούτου γεγένησαι πρὸς αὐτὸν δι' αἵματος ἐδημήσας, παμμακάριςε.

Συμφυὴς καὶ σύμμορφος ὑπάρχων τῷ Πατρὶ ὁ Υἱός, ὁμογενὴς τοῖς ἀνθρώποις γέγονε θέλων ὁμόφυλος σαρκωθεὶς ὁ ὕψιςος ἐκ γαςρός σου, Μητροπάρθενε.

Ὠδὴ ε'.

Ἦλθον εἰς τὰ βάθη τῆς θαλάσσης καὶ κατεπόντισε με καταιγὶς πολλῶν ἁμαρτημάτων, ἀλλ' ὡς Θεὸς ἐκ φθορᾶς ἀνήγαγε τὴν ζωήν μου ὡς φιλάνθρωπος.

Τὸ ἄϋλον πῦρ σε κατοπτήσας τῷ βασιλεῖ τῶν ὅλων κατεσκεύασεν ἥδιςον βρῶμα, τῷ τὴν ἡμῶν σωτηρίαν στέργοντι καὶ πεινόντι, παραοίδιμε.

Ὅλῳ τῷ φωτὶ προσομιλήσας τῆς ἀρχικῆς Τριάδος ὡς Διάκονος ταύτης ὑπάρχων, φωτοειδές, αθλοφόρε, γέγονας καταυγάζων τοὺς ὑμνοῦντας σε.

Νευρούμενος θείᾳ δυναςείᾳ ταῖς τοῦ πυρὸς ἐσχάραις ἐπικείμενος ἔφερες, Μάρτυς, πόθῳ Χριςοῦ τὴν ψυχὴν πυρούμενος, καὶ τῇ δρόσῳ τῇ τοῦ Πνεύματος.

Ὑπῆρξας Θεοῦ, Παρθενομῆτορ, χωρητικὸν δοχεῖον, θρόνος ἔμψυχος, ἅγιον ὄρος, καὶ κιβωτὸς, καὶ σκηνὴ θεότητος, καὶ λυχνία χρυσαυγίζουσα.

Ὠδὴ ς'.

Μυςαγωγῆσαι προκριθεὶς, καὶ διακονῆσαι τῷ Λόγῳ σκεῦος ἐδείχθης ἱερὸν οὐρανιοῦ ναοῦ καὶ ἀνάθημα, μαλωδῶν τῷ ποιήσαντι· ὑπερυμνητα Κύριε ὁ Θεὸς ὁ τῶν πατέρων, εὐλογητὸς εἶ.

Νόμῳ ζωῆς τῆς ἐν Χριςῷ περιτειχειζόμενος, Μάρτυς, τοῖς τοῦ θανάτου καὶ φθορᾶς νομοθέταις τὸν νοῦν οὐχ ὑπέκλινας, ἀναμέλπων, Λαυρέντιε· ὁ Θεὸς ὁ τῶν πατέρων, εὐλογητὸς εἶ.

Ὡς τις ἀνάλγητον σῶμα σαφῶς περικείμενος, Μάρτυς, γενναιοτάτῳ λογισμῷ τοῦ παμφάγου πυρὸς κατετόλμησας ἀνακράζων, πανόλβιε· ὁ Θεὸς ὁ τῶν πατέρων, εὐλογητὸς εἶ.

Πύλη ἐδείχθης νοητὴ τῆς ἀνατολῆς τῆς ἐξ ὕψους ἐπιφανείσης ἐπὶ γῆς τοῖς ἀνθρώποις ἐκ σοῦ, Θεονυμφευτε, ὑπὲρ λόγον καὶ ἔννοιαν, τοῦ Θεοῦ τοῦ τῶν πατέρων εὐλογημένου.

Ὠδὴ ζ'.

Λυτρωτὰ τοῦ παντός παντοδύναμε, τοὺς ἐν μέσῳ φλογὸς εὐσεβήσαντας συγκαταβὰς ἐδρόσισας καὶ ἐδίδαξας μέλπειν· πάντα τὰ ἔργα, εὐλογεῖτε, ὑμνεῖτε τόν Κύριον.

Ῥωμαλαίῳ φρονήματι γέγονας τῆς ἀςέκτου φλογὸς εὐτονώτερος, ὥσπερ ἐν ἄλλῳ σώματι πυρακτούμενος, μάκαρ, πάντα τὰ ἔργα, εὐλογεῖτε, ἐβόας, τὸν Κύριον.

Ὁ τοὺς παῖδας τοὺς τρεῖς ἐκμιμούμενος, καὶ πυρὸς κατασβέσας τοὺς ἄνθρακας δρόσῳ τῆς θείας χάριτος, ἀνακραζει καὶ μέλπει· πάντα τὰ ἔργα, εὐλογεῖτε, ὑμνεῖτε τὸν Κύριον.

Φωτισμος ὁ Χριςός σοι γενομενος τὴν αὐτοῦ σε ἰσχὺν περιέζωσε, καὶ πρὸς αὐτὸν ἀνήγαγεν εὐσεβῶς μελωδοῦντα· πάντα τὰ ἔργα, εὐλογεῖτε, ὑμνεῖτε τὸν Κύριον.

Ῥίξης τοῦ Ιεσσαὶ ῥάβδος πέφυκας, καί Κύριον τὸν Θεὸν μου καὶ Κύριον ὑπερφυῶς ἐξηνθησας, τῆς θεοτήτος ἄνθος· πάντα τὰ ἔργα, εὐλογοῦμεν, Παρθένε, τὸν ὑιὸν σου.

Ὠδὴ η'.

Ἐύα μὲν τῷ τῆς παρακοῆς νοσήματι τὴν κατάραν εἰσῳκήσατο· σὺ δὲ, Πάρθένε θεοτόκε, τῷ τῆς κυοφορίας βλαςήματι τῷ κόσμῳ τῆν εὐλογίαν ἐξήνθησας, ὅθεν σε πάντες μεγαλύνομεν.

Ὁλόκληρον θύμα καὶ δεκτὸν θυμίαμα τῷ Δεσπότῃ προσενήνοχας, ὥσπερ χρυσίον ἐν καμίνῳ πυρὶ δοκιμασθεὶς τῆς ἐκκλησίας γενόμενος, τῶν πρωτότοκων ἀξιάγαθε.

Νεύσει ἀκλινῆ πρὸς τὸν Θεὸν θεούμενος καὶ ἑνώσει τῇ ἀμείνονί, Λόγῳ καὶ θείᾳ θεωρίᾳ, φωτὶ τῷ ἀκροτάτῳ, Λαυρέντιε, κραθῆναι σοι τηλαυγῶς ἐξεγίνετο, ὅθεν σε πάντες μακαρίζομεν.

Ὡς ἥλιον, μάκαρ, ἐκδυσμῶν ἀνέτειλας θαῦμα μέγα καὶ παράδοξον, πᾶσαν φωτίζων ἐκκλησίαν ταῖς σαῖς μαρμαρυγαῖς, ἀξιάγαθε, καὶ θάλπων πάντας τῇ ζέσει τῆς πίςεως, ὅθεν σε πάντες μεγαλύνομεν.

Σύμβολα, πανάμωμε, τῆς σῆς γεννήσεως οἱ προφῆται προεκήρυξαν πόῤῥωθεν ταῦτα μυηθέντες ἐκ θείας ἐπιπνοίας τοῦ Πνεύματος, καὶ κόσμῳ διαπρυσίως ἐκήρυξαν, ὧν τὰς ἐκβασεις νῦν ἡμεῖς θαυμάζομεν.

ΜΝΗΜΗ ΤΟΥ͂ ἉΓΊΟΥ ΛΑΥΡΕΝΤΊΟΥ.

Τὸν Λαυρέντιον λαύρακα Χριστοῦ λέγω,
Ἐπ' ἐσχαρᾶς ἄνθραξιν ἐξοπτήμενον·
Τέλους ἀθλητῶν καὶ κλέους τυχεῖν θέλων,
Ἠθλήσας ἀθλῶν, Ξύστε, τὸν διὰ ξίφος.

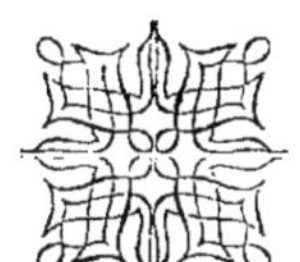

TRADUCTION

FÊTE DE SAINT LAURENT, ARCHIDIACRE ET MARTYR.

CANON DE LA FÊTE POUR L'OFFICE DU MATIN.

HYMNE I

Du sein des délices ineffables que vous goûtez comme soldat du Christ, vous, justement réuni aux chœurs des puissances angéliques, bienheureux Laurent, daignez faire luire sur moi et sur mes chants vos resplendissantes clartés.

Entrant dans la carrière de l'auguste martyre,

athlète d'une grandeur d'âme héroïque, Laurent, la couronne de la justice, le diadème du triomphe sont venus ceindre et orner votre front.

A peine avez-vous été enfanté à la lumière du jour, que, prodige étonnant! vous vous êtes levé sur nous comme un soleil bienfaisant, inondant le monde de votre lumière très-pure, auguste Martyr.

Délivrés par le fruit de votre sein, Vierge toute pure, des chaînes de l'enfer et du jugement redoutable, nous vous disons : Salut, pleine de grâces. Vivons reconnaissants et fidèles à votre amour, ô Porte salutaire de la grâce [1].

HYMNE II

Vous avez brisé l'arc des puissants; le faible a revêtu la force : c'est pourquoi mon cœur a été affermi dans le Seigneur.

Armé du trophée de la croix, vous avez marché généreusement contre vos ennemis : la couronne

[1] Les dernières strophes de chaque hymne sont consacrées à la sainte Vierge.

du vainqueur brille sur votre front, Saint incomparable.

Fidèle à la loi du Christ, vous avez victorieusement foulé aux pieds, repoussé avec un généreux dédain les ordres des impies, ô souverainement Heureux.

Aidé d'une force divine, vous avez anéanti les faibles efforts du polythéisme, et établi pour toujours la divinité de Jésus-Christ.

Egal à son Père et à l'Esprit-Saint par sa nature, son essence et sa divinité, le Christ s'est fait égal aux hommes en s'incarnant dans votre sein, ô Vierge sans tache.

HYMNE III

Le Diacre du Verbe, orné du Verbe, souffre la mort avec magnanimité, par amour pour le Verbe; maintenant il règne avec le Verbe, justement inondé de sa gloire et de ses joies.

Vous avez combattu avec zèle le sommeil de l'impiété par les veilles d'une résistance héroïque, en chassant de vos paupières le sommeil de mort, très-saint Martyr du Christ.

Luttant avec les armes de la piété véritable contre les pensées impies de l'erreur, vous avez détruit pour toujours son temple par votre foi et votre conviction généreuses.

Laissons là notre première nourriture, grossière et vile, et nourrissons-nous du pain de vie, du pain du Ciel, que produit une terre vierge, et qui procure le bonheur.

HYMNE IV

Le regard attaché sur la Beauté divine, vous avez méprisé tous les plaisirs de la terre, ô Laurent; vous avez souffert les tortures horribles, ô Admirable.

Le Christ a été pour nous le Dispensateur des dons de son Père; vous l'avez compris, et êtes parti, à votre tour, en versant votre sang, pour être le Diacre du Verbe, Martyr digne de louanges.

De la même essence et de la même beauté que le Père, le Fils a revêtu librement la nature de l'homme, son essence, en s'incarnant, lui le Très-Haut, dans votre sein, ô Vierge Mère.

HYMNE V

Je suis descendu dans les abîmes de la mer, et ai été englouti sous les flots de nombreux péchés; mais le Dieu de miséricorde a sauvé ma vie du trépas.

Le feu immatériel qui vous a consumé, Protecteur bienveillant, a préparé un mets d'excellente odeur au Roi de l'univers, à Celui qui a le désir, la soif de notre salut.

Environné de toute la lumière de la Trinité souveraine, dont vous êtes le Diacre, éblouissant de clarté, glorieux Vainqueur des combats, vous avez éclairé ceux qui exaltent votre nom.

Assisté d'une force céleste, vous restiez patiemment étendu sur un lit de charbons ardents, ô Martyr; vous enflammiez alors votre âme de l'amour du Christ, vous l'inondiez de la rosée de l'Esprit-Saint.

Vous avez été, Vierge Mère, le tabernacle digne de recevoir Dieu, son trône vivant, la sainte montagne, l'arche sacrée, la tente divine, une lampe toute resplendissante d'or.

HYMNE VI

Initié aux saints Mystères et créé Diacre du Verbe, vous avez paru aux cieux comme le vase sacré et l'ornement du temple divin, chantant à la louange du Créateur : Seigneur, digne de nos hommages, vous êtes béni, ô Dieu de nos pères.

La loi de vie dans le Christ vous a servi de rempart, ô Laurent, ô Martyr; et vous n'avez pas assujetti votre âme aux législateurs de la loi de mort et de destruction, chantant : Le Dieu de nos pères est béni.

Comme revêtu d'une nature impassible, heureux Martyr, vous avez affronté avec un héroïque courage les flammes dévorantes, en chantant : Le Dieu de nos pères est béni.

Vous êtes la Porte radieuse de l'Aurore qui a paru du haut des montagnes, pour éclairer par vous les hommes, Vierge au-dessus de toute pensée et de toute expression, Epouse du Dieu béni de nos pères.

HYMNE VII

Tout-puissant Rédempteur du genre humain, vous avez été avec ceux qui vous ont invoqué dans les flammes; vous les avez soutenus, leur apprenant à chanter : Créatures de Dieu, bénissez, célébrez le Seigneur.

Une ardeur généreuse vous a rendu plus fort qu'un feu dévorant; et, comme dans un autre corps, vous chantiez, ô Martyr : Œuvres du Seigneur, bénissez-le toutes.

Imitant les trois enfants hébreux dans la fournaise, et éteignant les charbons ardents avec la rosée de la grâce, Laurent chante et répète : Ouvrages du Seigneur, bénissez-le tous.

Le Christ a été votre lumière et vous a revêtu de sa force; il vous a conduit à lui, et vous redisiez avec amour : Œuvres du Seigneur, louez-le, célébrez-le toutes.

Rejeton de la tige de Jessé, sur lequel a merveilleusement fleuri le Seigneur mon Dieu et mon Maître, Fleur aimable de la Divinité; créatures de Dieu, exaltons le Fils de la Vierge Mère.

HYMNE VIII

Eve, par sa funeste désobéissance, a attiré la malédiction; vous, Vierge Mère de Dieu, par l'heureux fruit de vos entrailles, vous avez fait fleurir sur le monde la bénédiction : c'est pourquoi nous vous célébrons tous.

Vous avez offert un holocauste parfait au Maître du ciel, un encens d'agréable odeur, ô Saint des premiers-nés du martyre : éprouvé par le feu du combat comme l'or dans la fournaise, Victime immolée pour l'Eglise.

Un décret éternel vous a placé auprès de Dieu, uni à sa divinité tout aimable; ô Laurent, vous jouissez du Verbe, de la vue de Dieu, de sa lumière incomparable : votre gloire en rejaillit au loin, et c'est pour cela que tous nous vous disons Bienheureux.

Admirable Martyr, comme le soleil à son lever, vous avez paru un prodige éclatant, inouï, éclairant toute l'Eglise de vos splendeurs, réchauffant tous les chrétiens du feu de votre foi : aussi tous chantons-nous votre gloire.

Longtemps à l'avance, Vierge irréprochable, inspirés du souffle divin de l'Esprit-Saint, les Prophètes ont prédit les signes symboliques de votre naissance, et l'ont hautement annoncée au monde : nous admirons aujourd'hui l'accomplissement de leurs paroles.

MÉMOIRE DE SAINT LAURENT.

Vous êtes, ô Laurent, le poisson du Christ, rôti avec joie sur le gril [1]; et vous, ô Sixte, jaloux du prix et de la gloire des athlètes, vous l'avez immolé avec le glaive.

[1] Le texte λαυραξ et Λαυρεντιος offre un jeu de mots qu'on ne peut traduire en Français.

PIÈCES JUSTIFICATIVES

PIÈCES JUSTIFICATIVES

ACTA

SANCTI SIXTI ET SANCTI LAURENTII

e variis manuscriptis desumpta [1].

Ortâ persecutionum tempestate, jussit Decius omnes christianos comprehendi et includi. Itaque tenuerunt beatissimum Sixtum, Romanum Pontificem, cum omni Clero suo, incluseruntque eos in custodiâ publicâ, ubì fuerunt multis diebus. Veniebant autem ad eos multi christiani, ut Sacramenti benedictionem ab eis acciperent, quia tempus persecutionis urgebat; et adducebant

[1] Præsertim e Bibliothecæ Casanatensis manuscripto, sæculo undecimo exarato.

infantes et proximos qui reliquerant idola, et baptizabantur a beato Sixto.

Decius et Valerianus, præfectus, jusserunt sibi Sixtum, Episcopum, cum Clero suo, præsentari noctu in Tellure (alii Tellude).

Itaque Sixtus, apud Athenas natus, et doctus, priùs philosophus, posteà Christi discipulus, ità dixit ad Clerum suum :

« Fratres et commilitones mei, nolite pavescere. Scitis quæ tormenta passi sint Sancti omnes, ut securi vitæ æternæ obtinerent palmam. Ipse Christus, Deus et Dominus noster, passus est pro salute nostrâ, ut nobis exemplum relinqueret. »

Dixitque clarâ voce :

« Nemo terroribus frangatur. »

Dixeruntque Diaconi Felicissimus et Agapitus :

« Et nos, sine Patre nostro, quò ibimus? »

Præsentatus est ergò noctu coram Decio et Valeriano, cum duobus Diaconis. Dixitque Decius Cæsar :

« Scis quamobrem comprehensus sis, nobisque præsentatus? »

Sixtus, Episcopus, respondit :

« Scio, et probè scio. »

Decius ait :

« Si ergò nosti, fac ut omnes norint, ut et tu vivas, et Clerus tuus augeatur. »

Sixtus, Episcopus, respondit :

« Reverà ego id studui et studeo, ut Clerus meus augeatur. »

Decius dixit :

« Ergò sacrifica diis immortalibus, et esto princeps sacerdotum. »

Beatus Sixtus respondit :

« Ego semper sacrificavi et sacrifico Deo Patri omnipotenti, et Domino nostro Jesu Christo, Filio ejus. »

Decius ait ad milites suos :

« Ducite eum ad templum Martis, ut illi sacrificet; quòd si noluerit, includite eum in privatâ custodiâ Mamertini. »

Duxeruntque eum ad templum Martis, urgebantque eum ut sacrificiis se contaminaret. Dixit autem beatus Sixtus, Episcopus :

« O infelices ! qui cùm lugere deberetis, adoratis idola vana, et manufacta, et surda, et muta, quæ nec sibi, nec aliis prosunt. Sed audite me, filii, liberate animas vestras ab æterno supplicio, neque reformidetis hæc tormenta, sed illa æterna, agatisque pœnitentiam, quòd nescientes vanis idolis sacrificastis. »

Illi verò, jussu Decii, duxerunt eum in privatam custodiam Mamertini, cum Felicissimo et Agapito, Diaconis.

Cùm autem audîsset beatus Laurentius, Archidiaconus, beatum Sixtum, Episcopum, iterùm in custodiam reduci, his verbis illum appellare cœpit :

« Quò progrederis sine filio, Pater? Quò Sacerdos sancte, sine Diacono, properas? Tu nunquam sacrificasti sine ministro, nec offerre consueveras. Quid in me ergò displicuit tibi, Pater? Nùm degenerem probasti me? Experire rectè utrùm idoneum ministrum elegeris, cui commisisti Dominici corporis dispensationem (alii consecrationem). Cui consumendorum consortium sacramentorum credidisti, huic sanguinis tui consortium negas! Abjectio discipuli detrimentum est Magistri. Quid? illustriùs præstantes viri discipulorum certaminibus quàm suis vincunt. Denique Abraham filium obtulit, Petrus Stephanum præmisit; et tu, Pater, ostende in filio virtutem tuam, et offer quem erudisti, ut securus judicii, tuî comitatu nobili, perveniat ad coronam. »

Tunc Sixtus Episcopus dixit :

« Non ego te, fili, desero, non derelinquo; sed majora tibi debentur certamina. Nos, quasi senes, levioris pugnæ cursum recipimus. Te, quasi juvenem magnum, gloriosior de Tyranno triumphus exspectat. Post venies, flere desiste; post triduum sequeris Sacerdotem Levita. Hic medius numerus decet. Non erit tuum sub magistro vincere, quasi adjutorem quærens, consortium passionis. Totam hæreditatem tibi dimitto, qui præsentiam requiris? Helias Helisæum reliquit, et virtutem non abstulit. »

Et dixit sanctus Sixtus ad Laurentium :

« Accipe facultates Ecclesiæ (vel thesauros), et divide quibus tibi videtur. »

Tunc beatus Sixtus tradidit beato Laurentio, Archidiacono, omnes facultates Ecclesiæ.

Eo tempore, acceptâ potestate, beatus Laurentius cœpit per Regiones curiosè quærere ubicumque sancti Clerici vel pauperes essent absconsi, et portans thesauros, prout cuique opus erat. Veniens autem ad Cœlium montem, ubì erat quædam vidua quæ fuerat cum viro suo annis undecim, et in viduitate permansit annos triginta duos, quæ habebat in domo suâ multos christianos et Presbyteros et Clericos absconsos. Hæc cùm audîsset beatus Laurentius, tulit vestes et thesauros, et venit noctu ad eam. Et invenit multitudinem christianorum in domo Cyriacæ viduæ, et cœpit pedes omnium christianorum lavare.

Veniens Cyriaca vidua, cadit ad pedes ejus, dicens :

« Per Christum te conjuro, ut manus tuas ponas super caput meum, quia multas infirmitates capitis patior. »

Tunc beatus Laurentius dixit :

« In nomine Domini Jesu Christi, Filii Dei omnipotentis, ponam manus meas super caput tuum. »

Et posuit manus super caput viduæ, et linteum quo extergebat pedes sanctorum.

Eâdem nocte, ambulavit indè, et cœpit quærere ubicumque christiani essent congregati, sive in domibus,

sive in Cryptis. Venit autem in vicum qui dicitur Canarius. Invenit multos christianos in domo cujusdam christiani, nomine Narcissi; lavit pedes omnium, et dedit eis de thesauro quem beatus Sixtus reliquerat. Invenit in eâdem domo hominem nomine Crescentium, cæcum. Tunc cœpit ille cum lacrymis rogare, dicens :

« Pone manum tuam in oculos meos, ut videam faciem tuam. »

Tunc beatus Laurentius, lacrymas oculis stillans, dixit :

« Dominus noster Jesus Christus, qui aperuit oculos cæci nati, ipse te illuminet. »

Et facto signo Christi in oculis ejus, ipsâ horâ aperti sunt, et vidit lumen et beatum Laurentium, sicut petivit.

Tunc exiens indè, audivit quòd in vico Patricio multi christiani congregati essent in Cryptâ Nepotianâ; et veniens illuc, beatus Laurentius detulit secum ea quæ necessaria erant sanctis. Invenit ibi animas sexaginta tres, prômiscui sexûs, et introivit ad eos, dans pacem omnibus. Et invenit ibi presbyterum, nomine Justinum, qui fuerat ordinatus a beato Sixto. Misit se ad pedes ejus, et cœperunt ambo se in pavimento volutare, ut invicem sibi pedes oscularentur.

Dixit autem beatus Laurentius ad beatum Justinum :

« Comple votum meum, ut laventur pedes sanctorum et vestri per manus meas. »

Justinus, presbyter, dixit :

« Hoc Dominicum præceptum est; fiat voluntas Domini nostri Jesu Christi. »

Et positâ pelvi, misit aquam, et lavit omnium virorum pedes. Veniens autem ad beatum Justinum, cœpit primò osculari pedes ejus et lavare. Et lavit omnium pedes, et commendavit se beato Justino.

Eâdem horâ, exiens indè, et ecce beatus Sixtus ducebatur in Telludem ut audiretur, et cum eo duo Diaconi, Felicissimus et Agapitus. Et sedit Decius et Valerianus. Dixit Decius ad beatum Sixtum, Episcopum :

« Nos quidem consulimus senectuti tuæ; audi præcepta, et sacrifica. »

Respondit beatus Sixtus :

« Tibi ipsi, consule, miser, et noli blasphemare, sed age pœnitentiam propter fusum sanguinem sanctorum. »

Decius furibundus ait ad Valerianum :

« Hic si extinctus non fuerit, non erit ullus evidens timor. »

Valerianus respondit :

« Capite puniatur. »

Felicissimus et Agapitus dixerunt :

« O! si audieritis, miseri, monita Patris nostri, tormenta æterna evaderetis, quæ vos cruciabunt. »

Valerianus, præfectus, dixit :

« Quid ità diù vivunt isti qui nobis tormenta minantur? »

Deinde dixit :

« Abducantur foras murum portæ Appiæ ad templum Martis, ut sacrificent; quòd si noluerint, eodem loco capite truncentur. »

Et adducti sunt ad templum Martis, et cœpit beatus Sixtus dicere :

« Ecce idola vana, muta, surda, et lapidea quibus miseri inclinantur, et perdunt vitam æternam. »

Et dixit ad templum Martis :

« Destruat te Christus, Filius Dei vivi. »

Et cùm hæc dixisset beatus Sixtus, responderunt omnes christiani :

« Amen. »

Et subitò cecidit aliqua pars templi et comminuta est.

Tunc beatus Laurentius cœpit clamare :

« Non me derelinquas, Pater Sancte, quia thesauros jam expendi quos tradidisti mihi! »

Tunc milites tenuerunt beatum Laurentium, Archidiaconum, audientes de thesauris, et duxerunt ad Parthenium, tribunum. Sanctum verò Sixtum, Episcopum, et Felicissimum et Agapitum, Diaconos, duxerunt in clivum Martis antè templum; et ibidem decollatus est cum duobus Diaconibus, et dimiserunt corpora eorum in plateâ octavo Idus Augusti. Noctu etiam venerunt Clerici, et Presbyteri, et Diaconi, et maxima pars christianorum, et collegerunt corpora sanctorum, et sepelierunt beatum Sixtum, Episcopum et martyrem, in cryptâ in cœmeterio Calisti in eâdem viâ. Sanctos verò Felicissimum et Agapitum, martyres et Diaconos, sepelierunt in cœmeterio Prætextati, sub die octavo Idus Augusti.

Eâdem horâ, Parthenius nuntiavit Decio quòd Laurentium, Diaconum Sixti, qui habet thesauros absconditos, in custodiâ teneretur. Tunc Decius gavisus est valdè, et fecit sibi beatum Laurentium præsentari; quem ità aggredit Decius Cæsar, dicens :

« Ubi sunt thesauri Ecclesiæ, quos apud te cognovimus esse reconditos ? »

Beatus Laurentius non respondit ei ullum verbum. Tradidit eum Decius Cæsar Valeriano, Præfecto, dicens :

« Exquire thesauros diligenter, et sacrificet diis, quòd si noluerit sacrificare, diversis eum tormentis interfice. »

Tunc Valerianus dedit eum cuidam vicario, nomine Hippolyto. Ille verò beatum Laurentium reclusit in carcerem cum multis.

Erat autem ibi homo in custodiâ, multo tempore, gentilis, qui plorando amiserat oculos, et cæcus factus fuerat. Cui beatus Laurentius dixit :

« Crede in Filium Dei, Dominum nostrum Jesum Christum, et baptizare, et illuminabit te. »

Respondit Lucillus :

« Ego semper desideravi baptizari in nomine Domini Jesu. »

Beatus Laurentius dixit :

« Si ex toto corde credis Christum Filium Dei esse? »

Respondit Lucillus cum fletu :

« Ego credo Dominum Jesum Christum; idola vana et falsa respuo. »

Tunc beatus Laurentius benedixit aquam [1], et fudit super caput Lucilli, et aperti sunt oculi ejus, et cœpit clamare dicens :

« Benedictus Dominus Jesus Christus, Deus æternus, qui me illuminavit per beatum Laurentium, quia semper cæcus, et modò video ! »

Hippolytus interim patienter sustinebat sermonem eorum. Hoc factum audientes, multi cæci veniebant ad beatum Laurentium, in custodiâ positum, et ponebat manum suam super oculos eorum, et illuminabantur.

Id cernens Hippolytus, dixit ad beatum Laurentium :

« Ostende mihi thesauros Ecclesiæ. »

Beatus Laurentius respondit :

« O Hippolyte, si credis in Deum Patrem omnipotentem, et in Filium ejus Dominum Jesum Christum, et thesauros tibi ostendo, et vitam æternam promitto. »

Dixit ei Hippolytus :

« Si dictis facta compensas, faciam quod hortaris. »

[1] Romanorum porrò traditio est, ut complures scriptores asserunt, sanctum Laurentium, aquam eâ in custodiâ non habentem, quâ baptizaret Lucillum, fontem vivæ aquæ perpetuæ ibidem mirabiliter aperuisse ; quam usque hodie manantem cernimus, *infirmis admodùm salutarem.*

Beatus Laurentius ait :

« Audi me, et fac citiùs quæ hortatus sum ; idola enim muta, et surda, et vana sunt ; tu saltem baptizare. »

Deinde, more solito, catechizávit eum, acceptamque aquam benedixit, et baptizavit eum. Baptizati sunt in domo ejus promiscui sexûs decem et novem.

Itaque, ex mandato adductus est beatus Laurentius ante conspectum Valeriani, qui dixit beato Laurentio :

« Jam depone pertinaciam, et da thesauros quos apud te cognovimus esse reconditos. »

Cui sanctus Laurentius :

« Da mihi inducias, biduo, aut triduo, et proferam tibi thesauros. »

Ab eodem die, cœpit colligere cæcos, et claudos, et debiles, et pauperes, et abscondit eos in domo Hippolyti. Valerianus autem nuntiavit Decio, quòd, datis sibi induciis, promiserat Laurentius thesauros.

Completis igitur tribus diebus, mandavit Valerianus, Præfectus, Prætori Hippolyto, ut Laurentium ad palatium Sallustianum adducat. Dixit ergò Hippolytus ad beatum Laurentium :

« Valerianus, jubente Decio, præcepit ut te ad illum perducam. »

Beatus Laurentius ait :

« Eamus, et mihi et tibi magna gloria paratur. »

Dixit ei Decius :

« Ubi sunt thesauri ? »

Beatus Laurentius collectam multitudinem pauperum introduxit in palatium, et voce magnâ dixit :

« Ecce thesauri Dei nostri, qui nunquam minuuntur sed semper crescunt. »

Valerianus, Præfectus, dixit :

« Quid varias per multa, sacrifica diis, et obliviscere artes magicas in quibus confidis. »

Cui cùm dixisset beatus Laurentius :

« Quare vos coarctat diabolus, ut christianis dicatis : Sacrificate dæmonibus ? Thesauros nostros in manu Dei nostri sunt ; »

Decius iratus, jussit eum exspoliari, et virgis cædi. Qui cùm cæderetur dicebat :

« Ego quidem gratias ago Deo meo, qui me dignatus est conjungere servis suis. Tu, miser, torqueris insaniâ tuâ et furore tuo. »

Tunc Decius :

« Levate, inquit, eum ; date ante conspectum ejus omne genus tormentorum. »

Et allata sunt laminæ ferreæ, et lecti, et plumbati. Et dixit Decius :

« Sacrifica diis, alioquin hoc genere tormentorum corpus tuum vexabitur. »

Beatus Laurentius dixit :

« Infelix ! has ego epulas semper optavi ; hæc enim tibi quidem tormenta sunt, nobis verò gloria. »

Decius Cæsar ait :

« Si verè hæc vobis gloria sunt, dic nobis ubi delitescunt similes tui profani, ut simul epulemini. »

Beatus Laurentius respondit :

« Illi jam semel dedêre nomina sua cœlo, et eorum tu es indignus conspectu. »

Tunc jussit Decius beatum Laurentium vinctum catenis duci ad palatium Tiberii, ut ibi de gestis audiretur.

Sedens Decius pro tribunali, in Basilicâ Jovis, dixit :

« Declara nobis omnes profanos ; ut mundetur civitas ; et sacrifica diis, et noli confidere in thesauris quos habes absconditos. »

Beatus Laurentius respondit :

« Verè et confido, et securus sum in thesauris meis. »

Valerianus, Præfectus, dixit :

« An putas te cum thesauris liberari, aut redimemini a tormentis ? »

Beatus Laurentius respondit :

« Ego famulus Christi, et securus sum de thesauris cœlestibus. »

Undè iracundiâ plenus, Decius jussit eum fustibus cædi. Qui cùm cæderetur, clamabat ad Cæsarem :

« Ecce, miser, vel modò cognosce quia triumpho cum thesauris Christi, et non sentio tormenta tua. »

Decius dixit :

« Video in te artem magicam, sed tandem sacrifica. Scio te illudere tormenta arte magicâ, sed mihi non illudes, testor deos et deas; aut sacrificabis, aut diversis pœnis te interficiam. »

Beatus Laurentius dixit :

« Fac quod facis, et noli cessare. »

Decius, immani furore percitus, jussit eum plumbatis diutissimè cædi. Adhuc Decius fustes augere, et dare ad latera ejus laminas ferreas ardentes jubet. Beatus Laurentius dixit :

« Domine Jesu Christe, Deus de Deo, miserere mei servi tui; quia accusatus, non negavi; interrogatus, te, Jesu Christe, Dominum solum confessus sum. »

Cùm diutissimè plumbis cæderetur, dixit :

« Domine Jesu Christe, qui pro nostrâ salute dignatus es formam servi accipere, ut nos a servitio dæmonum liberares, accipe spiritum meum. »

Et audita est vox :

« Adhuc multa certamina tibi debentur. »

Decius furore correptus, dixit clarâ voce :

« Viri Romani, et cœtus Reipublicæ, audîstis consolationes dæmonum in Sacrilegum, qui nec Principes vestros timet, nec exquisita tormenta formidat. Extendite eum in catastâ, et scorpionibus flagellate. »

Beatus Laurentius subridens, et gratias agens, dicebat :

« Benedictus es, Domine Deus, Pater Domini nostri Jesu Christi, qui nobis donasti misericordiam, quam meriti non sumus. Sed tu, Domine, propter pietatem tuam, da nobis gratiam, ut cognoscant omnes circumstantes quia tu consolaris servos tuos. »

Tunc unus ex militibus, nomine Romanus, credidit Domino Jesu Christo, et dixit beato Laurentio :

« Video antè te juvenem pulcherrimum, stantem cum linteo, et extergentem membra tua. Adjuro te per Christum, qui tibi misit Angelum suum, ne me derelinquas. »

Dixit Decius ad Valerianum :

« Arte magicâ victi sumus. »

Et jussit eum de catastâ levari. Et solutus redditus est ibi Hippolyto, tantùm in palatio.

Eâdem horâ, Romanus offerens urceum cum aquâ, cœpit quærere horam ut eam offerret. Misit se ad pedes beati Laurentii ut baptizaretur; qui benedictâ aquâ baptizavit eum. Quod factum audiens Decius, jussit eum sibi exhiberi cum fustibus. Non interrogatus, cœpit clamare :

« Christianus sum. »

Et, jubente Decio, eductus foras portæ Salariæ, decollatus est, quinto idus Augusti. Cujus corpus noctu collegit Justinus presbyter, et sepelivit in Cryptâ, in Agro Verano.

Decius Cæsar et Valerianus, Præfectus, perrexerunt

noctu ad Thermas Olympiadis, juxta palatium Sallustii. Hippolytus dixit ad beatum Laurentium :

« Ecce Decius quærit te. »

Hippolytus autem mœrore affectus, flere cœpit. Cui beatus Laurentius ità dixit :

« Noli flere, sed lætare potiùs, et tace quandoquidem ego proficiscor ad gloriam. »

Hippolytus ait :

« Quare ergò non vociferor : Christianus sum ! et occumbo ? »

Beatus Laurentius respondit :

« Absconde potiùs Christum in interiori homine, et cùm paululùm ego clamavero, audi et veni. »

Et iterùm exhibitus est Decio sanctus Laurentius. Et allata sunt omnia genera tormentorum : plumbatæ, fustes, laminæ, ungues, lecti, batuli. Decius dixit beato Martyri :

« Jam depone perfidiam artis magicæ, et dic nobis generositatem tuam. »

Beatus Laurentius respondit :

« Quantùm ad genus, Hispanus sum ; eruditus et nutritus Romæ, a cunabulis christianus, et eruditus omnem legem sanctam et divinam. »

Cui Decius :

« Reverà divinam, qui nec deos cogitas, nec tormenta formidas. »

Beatus Laurentius dixit :

« In nomine Domini nostri Jesu Christi, tormenta tua non timeo. »

Decius dixit :

« Sacrifica diis; nam nox ista expenditur in te cum suppliciis. »

Beatus Laurentius respondit :

« Mea nox obscurum non habet, sed omnia in luce clarescunt. »

Et propter responsum, jussit Decius lapidibus cædi. Cùm cæderetur lapidibus os ejus, ridebat et confortabatur, ac dicebat :

« Gratias tibi ago, Christe, quia tu es Deus omnium rerum. »

Allatus est autem lectus cum tribus costis. Et exspoliatus Laurentius vestimentis suis, dixit :

« Ego me obtuli Deo sacrificium in odorem suavitatis. »

Et extensus est in cratem ferream. Et allati sunt batuli cum prunis, et miserunt sub cratem ferream. Carnifices tamen urgentes ministrabant carbones, mittentes subter cratem, et desuper comprimentes cum furcis ferreis.

Beatus Laurentius dixit :

« Assasti unam partem, gira aliam, et manduca. »

Decius dixit :

« Ubi sunt ignes quos tu diis minabaris? »

Beatus Laurentius respondit :

« Vestri carbones mihi non ardorem, sed refrigerium præstant, tibi autem supplicium; quia ipse Dominus novit, quòd accusatus non negavi; interrogatus, Christum confessus sum; assatus, gratias ago. »

Omnes verò qui illic aderant, mirabantur præcepisse Decius ut vivus assaretur. Ille autem, pulcherrimo vultu, elevans oculos, dixit :

« Gratias ago, Domine Jesu Christe, quia me confortare dignatus es, et quia januas tuas ingredi merui. »

Et emisit spiritum.

Eâdem nocte, Decius Cæsar, unà cum Valeriano, Præfecto, ambulavit exindè ad palatium Tiberianum, relicto corpore supra craticulam et carbones. Manè autem primo adhuc crepusculo, rapuit corpus ejus Hippolytus, et condivit eum linteis et aromatibus. Et nuntiavit Justino, presbytero, quoniam beatus Laurentius emisisset spiritum, et qualiter Decius et Valerianus confusi exindè exissent et se recepissent in palatio Tiberii. Beatus Justinus et Hippolytus plorantes, et multùm tristes, tulerunt corpus beati Laurentii in viam Tiburtinam, in prædium matronæ viduæ Cyriacæ, in Agro Verano, et deposuerunt usque ad vesperum, et illâ horâ vespertinâ sepelierunt, IV idus Augusti. Multitudo christianorum se junxerunt, agentes vigilias noctis triduo. Beatus autem Justinus presbyter obtulit Sacrificium laudis, et participati sunt omnes de corpore et sanguine Christi cum gratiarum actione.

Note A

EXTRAIT DE L'ANCIEN SACRAMENTAIRE DE SAINT GRÉGOIRE.

I. NOCT. Noli me derelinquere, Pater sancte, quia jam thesauros expendi quos tradidisti mihi.

Non ego te desero, Fili, neque delinquo, sed majora tibi debentur pro fide Christi certamina.

O Hippolyte! si credas in Dominum Jesum Christum, et thesauros tibi ostendo, et vitam æternam promitto.

Si dictis facta compenses, faciam quid hortaris.

II. NOCT. O Lucille! si credas in Dominum, baptizare, et illuminabit te.

Beatus Laurentius dixit : Domine Jesu Christe, Deus de Deo, miserere meî servi tui.

In craticulâ te Deum non negavi, et ad ignem applicatus, te, Christe, confessus sum.

Gaudeo planè quia januas tuas ingredi merui. Accusatus, non negavi; interrogatus, te, Christe, confessus sum; assatus, gratias ago.

Probasti, Domine, cor meum, et visitasti nocte; igne me examinasti, et non inventa est in me iniquitas.

16

Beatus Laurentius exclamavit et dixit : Deum meum colo, et illi soli servio, et ideò non timeo tormenta tua. Mea nox obscurum non habet, sed omnia in luce clarescunt.

III. NOCT. Dixit Romanus ad beatum Laurentium : Video in te (antè te) hominem pulcherrimum. Festina me baptizare. Eruditus vel nutritus Romanus, et a cunabulis Christi sum servus.

Beatus Laurentius dixit : Mea nox obscurum non habet, sed omnia in luce clarescunt.

Stridebant corporis membra posita super craticulam : subjicientibus pruinas insultat levita Christi.

Te, Christe, confessus sum. Probasti cor meum, et visitasti nocte ; igne me examinasti, et non est inventa in me iniquitas.

Interrogatus, te, Christe, confessus sum.

ANT. Quid in me ergò displicuit paternitati tuæ ?

Beatus Laurentius dixit : Domine Jesu Christe, Deus de Deo, miserere meî servi tui.

Offerens autem urceum cum aquâ, misit ad pedes ejus.

Nos quasi senes, te, quasi juvencum, gloriosus de tyranno triumphus exspectat : post triduum me sequeris.

Strinxerunt corporis membra posita super craticulam, ministrantibus pruinas.

Gratias tibi ago, Domine Jesu Christe, quia januas tuas ingredi merui.

Cùmque vivus assaretur, pulcherrimo vultu jucundus, beatus Laurentius clamavit, et dixit : Deum meum colo, et illi soli servio; et ideò non timeo tormenta tua.

Beatus Laurentius dixit : Ego me obtuli sacrificium Deo in odorem suavitatis.

Quoniam ad te orabo, Domine, manè exaudi me.

Beatus Laurentius oravit, et dixit : Domine Jesu Christe, Pastor bone, suscipe spiritum meum.

Note B

Un auteur anonyme italien, ressemblant fort à Baillet et pour l'esprit et pour la critique, a publié à Rome, en 1756, un petit livre intitulé : *Memorie della vita di S. Lorenzo, martire.* Or, dans cet opuscule, son amour patriotique veut absolument faire naître saint Laurent à Rome. Voici, selon lui, la preuve la plus péremptoire qui doit ramener tout le monde à son opinion :

« Ma ormai dee cessare ogni dubio, e finalmente ha decisa la questione l'antichissimo sacramentario attributo a S. Leone, et non ha guari dato alla luce; in cui a chiare note si dice, che nella solennità di S. Lorenzo si rallegra principalmente Roma, di cui nacque cittadino. *De beati Laurentii solemnitate peculiaris præ ceteris Roma lætatur, cujus nascendo civis, sacer minister, etc.* Ognuno si arrenderà ben volentieri a sì lampante, sì genuina, sì antica irrefragabile testimonianza, e lasciate da banda certe autorità oscure, sospette, e di conio recente da quindi in poi si sarà pregio di credere e confessare, che S. Lorenzo non fu già Spagnuolo, ma cittadino Romano, e che nacque in Roma, non in Ispagna. »

Malgré cette *lampante testimonianza*, nous ne nous rendrons nullement à son opinion ; car nous croyons qu'il y a quelque différence entre naître à Rome et naître citoyen Romain. Nous lisons, en effet, au chapitre XXII des Actes des Apôtres, que le centurion, sachant déjà que saint Paul était citoyen Romain, s'approcha du tribun, et lui dit : « Qu'allez-vous faire? cet homme est citoyen Romain. *Hic homo civis Romanus est.* » Aussitôt le tribun vint à Paul, et lui fit cette demande : « Dites-moi, êtes-vous citoyen Romain? *Dic mihi si tu Romanus es?* » Paul lui dit : « Je le suis. » Et le tribun lui répondit : « J'ai acheté ce droit-là fort cher. — Et moi, répliqua Paul, je l'ai par ma naissance. — *Paulus ait : Ego autem natus.* » Voilà le *nascendo civis.*

A l'époque où saint Laurent vint au monde, au IIIe siècle, tout homme né de parents libres était réputé citoyen Romain — *nascendo civis.*

Une loi de Caracalla attribuait à tous les fils d'affranchis (à plus forte raison à ceux d'hommes libres) qui naîtraient sur les terres de l'empire, le titre et les qualités de citoyen Romain.

On peut consulter sur cette loi les *Novelles* de Just., 78, cap. v. — Heinec., *Append.*, lib. I. *Antiq. rom. Jurisp. illus.*, § 20.

Nous avons de plus, en notre faveur, un témoignage formel, celui d'un contemporain de saint Léon, qui contredit l'assertion de l'auteur anonyme : c'est une homélie de saint Maxime de Turin.

« Quamvis, *dit ce saint Docteur*, fratres carissimi, beati Laurentii passionem, qui in præsenti die perfidiæ sæculi triumphavit, universus nobiscum stupeat mundus, præcipuo tamen gaudio virtutem nutriti sui Ecclesia Romana miratur. Debet enim gaudere præ cæteris, quæ tanto nobilitata sanguine, peculiarem *quodam modo indigenæ martyris* possidet dignitatem. »

Saint Maxime n'appelle pas Laurent un martyr indigène, mais en quelque façon indigène, à cause de son long séjour dans cette ville, séjour qui remonte à sa plus tendre enfance.

D'ailleurs, l'Eglise Romaine elle-même, en reconnaissant saint Orentius et sainte Patientia comme parents de saint Laurent, consacre par là une conséquence naturelle, l'origine espagnole du saint Lévite.

Aussi conclurons-nous avec les Bollandistes : — Comme il n'y a aucune raison solide, aucune autorité émanant soit des Pères, soit des Actes, ou des monuments ecclésiastiques, qui soit capable de renverser l'opinion universelle, la tradition des siècles, on doit laisser à l'Espagne la gloire d'avoir donné naissance à ce grand Saint.

Note C

La fête de saint Orentius et de sainte Patientia s'est toujours célébrée, en Espagne, le premier Mai, comme le constatent le Propre du diocèse d'Huesca, approuvé par Rome, en 1670, et le très-ancien Office manuscrit dont nous citons les leçons du II. nocturne.

LECTIO I. Vir fuit vitæ venerabilis, simplex, rectus ac timens Deum, Orentius nomine. Hic civis Oscensis, secundo milliario ab urbe, in loco qui dicitur Loret, domicilium possidebat.

LECTIO II. Qui cùm esset nobilis, et temporalibus abundaret, uxorem duxit nobilem, Patientiam nomine, ex quâ, in primo juventutis suæ flore, uno ortu duos genuit filios, unum Laurentium et alium Orentium.

LECTIO III. Quos ab infantiâ timere Deum docuit. Processo verò tempore, cùm ad discretionis annos pervenissent pueri, in civitate istâ eos tradidit imbuendos.

On voit également par l'oraison de cet ancien Bréviaire, que saint Orentius était particulièrement invoqué pour obtenir la pluie :

OREMUS. Misericors et miserator Domine Deus, qui beatum Orentium confessorem tuum, civem et procerem Oscensem, speciali dono patronum pluviæ in terris constituisti ; præsta, etc.

Note D

On sait tous les efforts de l'impiété pour anéantir, de nos jours, l'indépendance de l'Eglise Romaine. A l'hypocrisie et à la ruse, elle ajoute une autre violence que Dioclétien, lui aussi, avait crue nécessaire pour atteindre au même but, et qu'il employa d'une manière si efficace dans son édit de 303, la spoliation des *biens-fonds* de l'Eglise.

Pour justifier ses déprédations et ses brigandages, l'irréligion ou la révolution, ose prétendre que l'Eglise, dans les premiers siècles, était pauvre de tout bien terrestre ; que ses ministres vivaient au jour le jour, de l'aumône quotidienne des fidèles, sans avoir à s'occuper de l'administration matérielle de biens et de terres.

Ces assertions du crime sont réfutées par les documents les plus authentiques fournis par l'histoire. Car, sans parler des biens que possédait l'Eglise de Jérusalem, au temps des Apôtres, ni des richesses dont celle de Rome disposait à l'époque de saint Laurent, et dont elle envoyait le superflu aux Eglises d'Asie, nous nous contenterons de rapporter le texte des décrets publiés par Constantin, la paix une fois rétablie dans l'Empire, pour faire rendre aux Eglises des chrétiens tous les biens qui avaient été confisqués sous les empereurs païens. Ces pièces sont assez claires par elles-mêmes, et n'ont pas besoin de commentaire.

DECRETUM XVI

UT FISCUS FUNDOS, ÆDES ET HORTOS RESTITUAT ECCLESIIS.

« ..... Verùm adversùs sacrosanctas Ecclesias nihil alloqui ausus, ea quæ aliquandiù injustè (fiscus) detinuit, Ecclesiis tandem jure restituet. Omnia ergò quæ ad Ecclesias rectè visa fuerint pertinere, sive domus ac possessio sit, sive agri, sive horti, seu quæcumque alia, nullo jure quod ad Dominum pertinet immutato, sed salvis omnibus atque integris manentibus, restitui jubemus. »

DECRETUM XVII

UT MARTYRIA ET COEMETERIA ECCLESIIS REDDANTUR.

« .... Sed et loca illa quæ Martyrum reliquiis honorata sunt, atque gloriosi illorum interitûs memoriam servant, quis ambigat ad Ecclesias pertinere? Imò verò quis non id præcipiat? Quandò nec munus ullum præstantius, nec labor ullus jucundior atque utilior esse potest quàm, Divino Spiritu impellente, harum rerum diligentem curam gerere; ut quæ improbo pretextu ab injustis ac nequissimis hominibus ablata sunt, ea justissimè restituta sanctis Dei Fcclesiis denuò redhibeantur. »

DECRETUM XVIII

UT QUI RES ECCLESIÆ EMERUNT, AUT DONO ACCEPERUNT, EAS RESTITUANT.

LITTERÆ CONSTANTINI ET LICINII

APUD MEDIOLANUM, DIE IDUUM JUNIARUM.

« Cùm feliciter Constantinus Augustus et ego Licinius Augustus..... atque hoc insuper in personâ christianorum statuendum esse censuimus : quòd si eadem loca ad quæ convenire consueverant, de quibus etiam datis ad officium tuum litteris, certè antè hâc formâ fuerant comprehensa, priori tempore alicui vel a fisco nostro, vel ab alio quocumque videntur esse mercati, eadem christianis sine pecuniâ, et sine ullâ pretii petitione, postpositâ omni frustratione atque ambiguitate, restituantur. Qui etiam dono fuerunt consecuti, eadem similiter iisdem christianis quantociùs reddant; etiam vel hi qui emerunt, si petiverint de nostrâ benevolentiâ aliquid, Vicario postulent, quo et ipsis per nostram clementiam consulatur. Quæ omnia corpori christianorum protinùs per intercessionem tuam ac sine morâ tradi oportebit. Et quoniam iidem christiani in ea loca tantùm convenire consueverunt, ad jus corporis eorum, id est Ecclesiarum, non hominum singulorum pertinentia, ea omnia lege quâ superiùs comprehendimus, citrà ullam prorsùs ambiguitatem vel controversiam iisdem christianis, id est, corpori et conventiculis eorum reddi jubebis; supradicta scilicet ratione servatâ, ut ii eadem sine pretio, sicut diximus, restituerint, indemnitatem de nostrâ benevolentiâ sperent; in quibus omnibus supradicto corpori christianorum intercessionem tuam efficacissimam exhibere debetis, ut præceptum nostrum quantociùs compleatur. »

DÉCRET XVI

ORDONNANT LA RESTITUTION AUX ÉGLISES DES BIENS-FONDS, DES ÉDIFICES ET DES JARDINS.

« ..... Tout ce qui appartient aux très-saintes Eglises,

et que le fisc a retenu injustement pendant quelque temps, leur sera restitué. Nous ordonnons donc que tous les biens, tels que maisons, champs, jardins, et autres possessions que l'on pourra constater avoir appartenu aux Eglises, et passé ensuite dans les domaines de l'Etat, seront restitués aux dites Eglises, dans toute leur intégrité et dans tous leurs droits. »

DÉCRET XVII

ORDONNANT QUE LES LIEUX CONSACRÉS AUX MARTYRS ET LES CIMETIÈRES SOIENT RESTITUÉS AUX ÉGLISES.

« Qui peut douter que les lieux honorés par les reliques des martyrs, et par la mémoire de leur glorieux trépas, appartiennent aux Eglises? Qui hésiterait donc un instant à en ordonner la restitution? Car, il n'y a aucun présent, aucune œuvre qui puisse être plus agréable et plus utile que de s'occuper activement de ces choses, sous l'inspiration de l'Esprit divin; afin que l'on rende, en toute justice, aux saintes Eglises de Dieu, ce que, sous un prétexte impie, des hommes pervers et scélérats leur ont enlevé [1]. »

[1] Depuis ce décret, jusqu'à la révolution de 1793, les cimetières n'avaient cessé d'appartenir aux *saintes Eglises de Dieu*. Quel sera le nouveau Constantin qui nous les rendra?

Tertullien dit que sous le gouvernement d'Hilarion, intendant de la province d'Afrique, les païens demandèrent à grands cris qu'on ôtât aux chrétiens les cimetières où ils enterraient les corps des fidèles.

DÉCRET XVIII

ORDONNANT AUX PARTICULIERS DE RENDRE LES BIENS QU'ILS AURAIENT ACHETÉS DES ÉGLISES, OU QU'ILS AURAIENT REÇUS EN DON [1].

Comme ce décret est le même que la lettre de Licinius et de Constantin aux gouverneurs de provinces, nous ne transcrirons que cette dernière :

RESCRIT DE CONSTANTIN ET DE LICINIUS

DATÉ DE MILAN, LE JOUR DES IDES DU MOIS DE JUIN.

« Constantin Auguste, et moi, Licinius Auguste, etc... De plus, quant à ce qui regarde les chrétiens, nous avons ordonné que si les lieux où ils s'assemblaient, et dont il a été fait mention auparavant dans les lettres que nous vous avons expédiées, ont été achetés par le fisc ou par quelques particuliers ; nous avons ordonné, dis-je, qu'ils leur fussent de nouveau rendus, gratuitement, et dans toute leur intégrité et valeur. Ceux qui les auraient achetés ou reçus en don, devront les rendre sans délai aux chrétiens. Si, cependant, ils désiraient obtenir de notre bienveillance quelque compensation, ils

[1] *Constantini Opera*, édit. *Migne*, col. 268.

s'adresseraient à notre Vicaire, qui s'entendrait avec Notre Clémence à ce sujet. Ainsi donc, il faudra, par votre entremise, faire rendre promptement et sans retard tout ce qui appartenait aux chrétiens.

Et parce qu'il est de notoriété publique que les chrétiens, outre les lieux d'assemblée, en possédaient encore d'autres, qui appartenaient à leur corps, c'est-à-dire à leur Eglise, et non à chacun d'eux en particulier, vous ordonnerez de faire rendre, sans détours ni controverses, ces mêmes biens aux chrétiens, c'est-à-dire à leur corps, à leur assemblée. Vous donnerez à espérer, comme il a été dit plus haut, qu'une indemnité pourra être accordée par Notre Bienveillance à ceux qui rendront ces biens gratuitement.

Dans toute cette affaire, vous devrez prêter le concours le plus efficace de votre autorité en faveur des chrétiens, et veiller à ce que notre décret soit promptement mis à exécution[1]. »

A ces décrets on pourrait encore joindre la sentence rendue par Aurélien, en 272, contre Paul de Samosate. Comme cet hérétique continuait de demeurer à Antioche, sans obéir à la condamnation du concile, *ni quitter la maison qui appartenait à l'Eglise*, les chrétiens s'en plaignirent à l'Empereur, lors de son passage dans cette ville. Aurélien ordonna que la maison fût adjugée à

[1] Lactance, *De Morte persec.*, *cap.* 48.

ceux à qui les Evêques d'Italie et de Rome adresseraient leurs lettres; tant il était notoire, même aux païens, que la marque des vrais chrétiens était la communion avec l'Eglise Romaine. Paul de Samosate fut donc chassé de l'Eglise, et de la maison qui lui appartenait, par le magistrat séculier [1].

Ainsi, ce n'est point à la liberté des premiers siècles que l'impiété ou la révolution voudrait ramener l'Eglise, mais bien au siècle de Dioclétien.

Note E

La tradition, en Espagne, a conservé le souvenir d'un don bien précieux fait par saint Laurent à ses compatriotes, le Calice de la sainte Cène.

Quoique les documents écrits, relatifs à la possession de ce Calice, ne remontent pas bien haut, nous en trouvons cependant un dès l'an 1390, assez remarquable, et qui atteste combien à cette époque déjà on y attachait de prix : ce sont les instances réitérées du roi d'Aragon pour en obtenir la possession. L'acte qui l'accorde aux vœux du roi est ainsi conçu :

In Dei nomine pateat universis, quùm excellentissimus

[1] Eusèbe, *Hist.*, l. VIII, c. 30.

Princeps et Dominus Martinus, Dei gratiâ Rex Aragonum, Valentiæ, Majoricarum, Sardiniæ et Corsicæ, comesque Barcinonæ, Rossilionis et Ceritanæ, desideraret habere in capellâ suâ Calicem lapideum, cum quo Dominus noster Jesus Christus in suâ sanctâ Cœnâ Sanguinem suum pretiosissimum consecravit, et quem beatus Laurentius, qui ipsum habuit a Sixto, existente Summo Pontifice, cujus discipulus erat ac Diaconus, misit et dedit Monasterio Sancti Joannis de la Penna (*vel Oscæ, in patriâ suâ*)... Tandem, die 26ª Septembris, anno a Nativitate Domini millesimo trecentesimo nonagesimo, Bernardus, prior claustri prædicti Monasterii, et Monachi deliberarunt concedere dictum Calicem, nemine discrepante, Domino Regi.... præsentavitque prædictus Prior nomine suo et dicti Monasterii Domino Regi, et tradidit in manibus suis Calicem lapideum.

Ce Calice se conserve maintenant dans l'Eglise métropolitaine de Valence. Chaque année, le 21 Septembre, il est porté processionnellement dans la ville, et reçoit des honneurs presque égaux à ceux qu'on rend au Saint-Sacrement lui-même.

La coupe est peu profonde et très-évasée. Ceux qui ont pu l'examiner de près pensent qu'elle est faite d'une espèce d'agate tirant sur la sardoine. Le bord est garni d'une lame en or; le pied est également d'or, et orné de ciselures assez délicatement exécutées.

Une chose remarquable, c'est l'analogie, presque l'identité qu'il y a entre cette description, et celle qu'a faite du même Calice eucharistique, la Voyante des temps modernes, la sœur Catherine Emmerich, dans ses *Méditations sur la Passion.* Voici ses paroles :

« Le grand Calice de la Cène se compose de la coupe et du pied qui doit avoir été ajouté plus tard, car ces deux parties sont d'une matière différente. La coupe est faite d'une matière singulière et fort compacte, qui ne semble pas avoir été travaillée comme les métaux : elle est en forme de poire et revêtue d'or, et il y a deux petites anses par où on peut la prendre. Le pied est d'or vierge artistement travaillé. »

Note F

Il s'est élevé deux erreurs au sujet de la mort de saint Sixte : la première, sur le supplice qui mit fin à ses jours; la seconde, sur le lieu de sa mort.

La première erreur semble avoir pris sa source dans cette strophe du poëte Prudence :

Fore hoc Sacerdos dixerat
Jam Xystus adfixus cruci,
Laurentium flentem videns
Cruci sub ipso stipite : etc.

Il est cependant bien évident que cette figure, employée pour exprimer la douleur, ne doit pas être prise à la lettre, surtout dans un poëte. Nous voyons dans les Livres Saints, et nous entendons tous les jours cette façon proverbiale d'exprimer la douleur — Porter sa croix — Etre attaché à sa croix.

Il a fallu d'ailleurs être animé de tout l'esprit de dénigrement dont s'inspirait le jansénisme, pour essayer de faire prévaloir une opinion si contraire aux écrits des Pères, aux Martyrologes, aux Liturgies, qui affirment, d'un concert unanime, que saint Sixte eut la tête tranchée. Ces témoignages sont d'une autorité bien supérieure au récit enthousiaste d'un poëte, qui a encore contre lui la tradition. On doit donc, pour rester dans le vrai, regarder comme fausse l'opinion janséniste.

La seconde erreur, quoique appuyée sur un document plus spécieux, la lettre de saint Cyprien à Successus, peut s'expliquer aussi d'une façon satisfaisante, et ne blessant en rien la vérité historique.

Saint Cyprien dit : *Xystum in cœmeterio animadversum sciatis.* Cette lettre, bien précieuse, il est vrai, à cause du décret de Valérien qu'on y lit, n'offre pas la même importance pour les nouvelles de Rome qu'elle contient, et au sujet desquelles saint Cyprien fait remarquer qu'il ne sait rien de positif : *Multa enim varia et incerta opinionibus ventilantur.* Il ne les lui transmet que comme des bruits vagues et incertains.

Toutefois, on peut ne pas rejeter absolument les circonstances que cette épître relate, et les faire concorder avec les Actes, en supposant que par ces mots : *Xystum in cœmeterio animadversum sciatis,* saint Cyprien ait voulu dire que Sixte avait été tué dans le cimetière. Car, on entendait par ce mot non-seulement les lieux souterrains où étaient ensevelis les morts, mais encore les édifices élevés sur la superficie du sol funéraire. L'*Histoire* d'Eusèbe et la *Chronique des Papes* ne peuvent nous laisser de doute à ce sujet :

Fabianum Papam, *dit cette dernière*, multa ædificia in Cœmeteriis Romæ fieri jussisse : quippè quæ in cryptis arenariis subtus terram latebant sepulchra sanctorum Martyrum.... erectis desuper ædificiis, reddita sunt clara et conspicua.

Il aurait pu se faire que le tyran, pour inspirer plus de terreur aux chrétiens, eût ordonné de décapiter leur Evêque dans le lieu le plus apparent de leur assemblée, celui qui se trouvait à la superficie du sol; et, comme la catacombe Callixte était très-proche du temple de Mars, on aura pu dire également que Xyste avait été mis à mort près de ce temple, et dans le cimetière.

Note G

ACTES DE SAINT HIPPOLYTE

Trois jours après avoir enseveli le bienheureux Laurent, Hippolyte revint chez lui; et, ayant donné la paix à tous, à ses serviteurs mêmes et à ses servantes, il leur communiqua du sacrifice offert sur l'autel du bienheureux martyr Laurent. Il n'avait encore pris aucune nourriture, lorsque les soldats entrèrent dans sa maison, s'emparèrent de lui, et le conduisirent à Dèce César. Celui-ci, le voyant, se prit à sourire, et lui dit :

« Est-ce que toi aussi tu es devenu magicien, car on dit que tu as enseveli le corps de Laurent? »

Hippolyte lui répondit :

« Ce n'est pas comme magicien, mais comme chrétien que je l'ai fait. »

Dèce, irrité de cette réponse, ordonna qu'on le frappât à la bouche à coups de pierres, et qu'on lui ôtât l'habit de chrétien qu'il portait (l'habit blanc du baptême). Puis il ajouta :

« Sacrifie aux dieux, ou tu vas périr, comme Laurent, au milieu des supplices les plus douloureux. »

Hippolyte répondit :

« Ah ! puissé-je mériter de finir ma vie par les mêmes tourments que le bienheureux Laurent, dont ta bouche impie vient de prononcer le nom ! »

Sur les ordres de Dèce, les bourreaux l'étendirent sur le chevalet, et déchirèrent son corps avec des fouets et des peignes de fer, jusqu'à ce que leurs bras tombèrent de fatigue.

Après cette cruelle flagellation, Dèce le fit revêtir de l'habit militaire, qu'il portait avant, et lui dit :

« Reprends ton ancien grade ; deviens notre ami, et sers-nous dans la milice, comme tu l'as toujours fait. »

Le bienheureux Martyr répondit :

« Ma milice est de combattre en chrétien courageux, pour obtenir promptement la palme. »

Rempli de colère, Dèce dit à Valérien :

« Fais-le périr d'une mort cruelle, et tous ses biens sont à toi. »

Valérien courut aussitôt s'emparer des trésors promis, et trouva dans la maison d'Hippolyte toute sa famille qui avait aussi embrassé le christianisme. Comme aucun d'eux ne voulait renoncer à la foi de Jésus-Christ, Valérien les fit conduire au delà de la porte Tiburtine. Hippolyte les encourageait, disant :

« Mes frères, ne craignez rien ; car nous n'avons maintenant, vous et moi, qu'un même Dieu. »

Tous, au nombre d'environ dix-neuf, de différent sexe, eurent la tête tranchée.

Pour le bienheureux Hippolyte, on l'attacha à la queue de chevaux indomptés, qui le traînèrent à travers les ronces et les épines, jusqu'à ce qu'il rendît l'esprit.

Le bienheureux prêtre Justin vint, la nuit, enlever tous ces corps, et les ensevelit près de là, au lieu appelé *ad Nymphas*, sur le côté du *Champ Verano*, le douze du mois d'Août.

Note II

ACTES DE SAINTE CYRIAQUE

Après le martyre de saint Laurent, la bienheureuse Cyriaque fut en butte aux outrages des persécuteurs. Dèce et Valérien la firent conduire dans une étroite prison, après l'avoir fait frapper cruellement.

Le lendemain, le César Dèce ordonna de l'amener en sa présence, et il lui dit :

« Si la nuit t'a porté conseil, offre des libations aux dieux. »

Sainte Cyriaque lui répondit :

« Ce n'est pas aux dieux, mais à Notre Seigneur Jésus-Christ, au Dieu vivant et véritable, que je m'offre en sacrifice. »

Alors Valérien dit à Dèce :

« Il faut en finir avec cette impiété qui anéantit le culte des dieux. »

Dèce ordonna de la frapper longtemps avec des bâtons noueux.

Durant ce supplice, la Sainte ne cessait de rendre grâce à Dieu ; et, quand les bourreaux eurent cessé de la frapper, on ne put même trouver sur son corps la trace des coups.

Dèce et Valérien, pleins de rage de se voir vaincus par une femme, se retirèrent dans le palais d'Auguste. Quelque temps après, ils ordonnèrent de faire passer l'héroïque Romaine par les verges et les fouets armés de plomb, jusqu'à ce qu'elle rendît l'esprit.

Les chrétiens ensevelirent le corps de la sainte Martyre dans la terre de l'*Agro Verano*, non loin du corps de saint Laurent, dans la galerie supérieure qui regarde l'Occident. — Son martyre eut lieu le vingt-trois du mois d'Août.

Note I

BASILIQUE DE SAINT-LAURENT

DIARIO ROMANO

Tous les premiers dimanches du mois, on fait, à Saint-Laurent, l'exercice de la bonne mort.

Janvier. — Dimanche de la Septuagésime. Station. Le Magistrat de Rome fait à la Basilique l'oblation d'un calice d'argent et de quatre cierges.

Février. — Troisième dimanche de Carême. Station.

Mars. — Mercredi de Pâques. Station.

Mai. — Jeudi après la Pentecôte. Station.

Août. — 3. Fête de l'Invention du corps de saint Etienne, protomartyr.

10. Fête de saint Laurent.

Novembre. — 2. Fête des Morts.

Décembre. — 26. Fête du protomartyr saint Etienne.

Note J

Outre les édifices consacrés à saint Laurent dont nous avons déjà parlé, voici la liste de ceux qui sont les plus connus dans le reste du monde chrétien.

ÉGLISES CATHÉDRALES ET MÉTROPOLITAINES

La cathédrale d'Ostie; la cathédrale de Tivoli; la cathédrale d'Horta, dans la Sabine; la cathédrale de Città-di-Castello; la cathédrale de Luanense, dans le royaume de Naples; la cathédrale de Scalense, dans le même royaume; la cathédrale de Brumacense, dans la Ligurie; la cathédrale de Tortone, dans le Milanais; la cathédrale d'Albe, dans le Montferrat; la cathédrale de Lorch, en Autriche; la cathédrale de Magdebourg, en Saxe.

ÉGLISES ABBATIALES ET MONASTÈRES

Au ve siècle, une église et un monastère sont édifiés à Orléans par l'évêque de cette ville, saint Evorte; au vi^e siècle, à Aquila, par saint Grégoire le Grand; à Gisalba, dans le Bergomasse, par saint Amand, comte du lieu; à Paris, par saint Domnole, sous le règne de Childebert, vers l'an 526 : c'est mainenant l'église paroisssiale de Saint-Laurent; au Mans, à Ravenne, à Césène. Au viie siècle, à Châtillon, par saint Gratus; à Extori, au diocèse de Narbonne. Au viiie siècle, à Uvarth, au diocèse de Cologne, par saint Ludger. Au ixe siècle, à Saint-Laurent-de-plebe-Martyrum. Au xe siècle, en Gallicie, par saint Ororius. Au xie siècle, la grande abbaye de Saint-Laurent de Liége. Au xiie siècle, à Mâcon; à Saint-Laurent-in-Campo, diocèse de Fanensis; à Deus-Louvart, en Lorraine; à Mont-Terracia, près de Barcelone; à Egnham, en Belgique; à Aversa, au royaume de Naples; à Oigny, en France; en Allemagne, par saint Othon, archevêque de Bomberg; à Bolbec, dans le diocèse de Rouen; à Barensis, en Espagne; au diocèse de Lucensis, par saint Fannani; à Cambelong, au diocèse de Conserans; à Cosne, par Hugues de Châlons, évêque d'Auxerre; au diocèse de Chartres; à Padula, dans le royaume de Naples.

ÉGLISES DE FONDATIONS IMPÉRIALES ET ROYALES

A Constantinople, en 439, par l'impératrice Eudoxie; au palais des Blachernes, par l'impératrice sainte Pulchérie; au lieu dit Petrione, près de la même ville, par l'empereur Justinien; à Ravenne, par Honorius; à Milan, par Galla-Placida, sœur d'Honorius; à Bourges, par Charlemagne; en Angleterre, par le roi Alfred, en 872; à Aversana, par Landenulphe, prince de Capoue, en 982; à Kalitz, par Boleslas III, en 1137; dans le comté de Louth, en Irlande, par les Chevaliers Porte-Croix; à Naples, par Charles, prince d'Anjou; à Bude, en Hongrie, par le roi Charles, au XIVe siècle; à Florence, par Côme de Médicis, en 1425; à Malte, par les Chevaliers; à Turin, par Philibert Emmanuel, en 1557.

AUTRES ÉGLISES REMARQUABLES

A Ausculum, dans le Picenum, fondée en 304; à Camprieure, près Derthona; à Florence, en 392; à Vienne en Dauphiné; à Brescia, en 454; à Saintes, en 595; à Lilibée en Sicile, 595; à Fesulano; à Montfaucon, en France; à Epach, en Bavière; à Fontenelle; à Ceolfrid, en Angleterre; à Andana, sur la

Meuse; à Sedula, dans le Montferrat; à Bourges; à Saint-Riquier, près d'Amiens; à Lodève; à Fontanet, près de Tulle; à Steinnam, sur la Drave, en Carinthie; à Vorms; à Dijon; à Boulogne; à Thérouanne; à Truit, diocèse de Cologne; à Rivoalto, dans la Vénétie; à Lietberg; à Nuscanum; à Piperno-Vecchio, en Italie; à Spello, dans l'Ombrie; à Signia; à Clermont, etc., etc., etc.

Note K

AUTRES RELIQUES HONORÉES SOUS LE NOM DE SAINT LAURENT

A Rome, de son bras, à Saint-Laurent-hors-des-murs et à Saint-Laurent-Pane-perna. De ses côtes, à Saint-Pierre, au Vatican, aux Douze-Apôtres, à Sainte-Croix-in-Jerusalem, à Sainte-Marie-in-Portica, à Sainte Marie-des-Anges, à Sainte-Praxède. Une vertèbre, à Sainte-Marie-Majeure. A Sainte-Cécile, un os à demi brûlé. A Saint-Laurent-in-Damaso, trois anneaux de sa chaîne, des cendres et des charbons. A Sainte-Marie-in-Cosmedin, de son gril. A Anvers, deux de ses doigts. De l'os des jambes, à Florence, à Padoue, à Sainte-Marie-des-Vierges, à

Naples. De l'os des épaules, à Tongres, à Cologne. De son gril et des cendres, à l'Escurial, à Pérouse. De son sang et de sa chair, à Liége. A Aix-la-Chapelle, une parcelle de son crâne, dans l'église de Saint-Jean-Baptiste à Borcette; de son linceul et de sa dalmatique, dans l'église de Sainte-Thérèse. De ses ossements, à Venise, à Padoue, à Auxerrre. A Sens, une vertèbre; à Molay, dans le même diocèse, de son gril et de ses ossements.

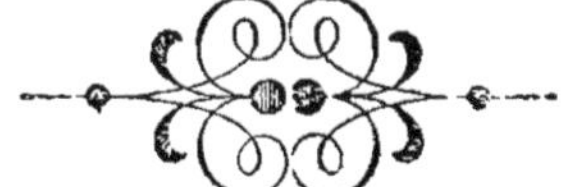

PRIÈRE.

DONNEZ-NOUS, SEIGNEUR, NOUS VOUS EN SUPPLIONS, LA GRACE DE POUVOIR ÉTEINDRE LE FEU DE NOS PASSIONS, VOUS QUI AVEZ ACCORDÉ AU BIENHEUREUX LAURENT LA FORCE DE TRIOMPHER DES FLAMMES DE SON SUPPLICE.

(Le Prêtre doit dire tous les jours cette prière après la Messe.)

ERRATA

Page 16, note, *au lieu de :* lacertos artus, *lisez :* laceros.

Page 32, ligne 6, *au lieu de :* Belethlut dit également, *lisez :* Belet lut également.

Page 49, note, *au lieu de :* La *Gallia Christiana*, *lisez :* Le *Gallia Christiana*.

TABLE DES CHAPITRES

LILLE. TYP. L. LEFORT. 1862.

PRIÈRE.

DONNEZ-NOUS, SEIGNEUR, NOUS VOUS EN SUPPLIONS, LA GRACE DE POUVOIR ÉTEINDRE LE FEU DE NOS PASSIONS, VOUS QUI AVEZ ACCORDÉ AU BIENHEUREUX LAURENT LA FORCE DE TRIOMPHER DES FLAMMES DE SON SUPPLICE.

(Le Prêtre doit dire tous les jours cette prière après la Messe.)

ERRATA

Page 16, note, *au lieu de* : lacertos artus, *lisez* : laceros.

Page 18, ligne 1, *au lieu de* : Sacramentaire, *lisez* : Responsorial.

Page 32, ligne 6, *au lieu de* : Belethlut dit également, *lisez* : Belet lut également.

Page 48, ligne 2, *au lieu de* : Université, *lisez* : Ecole.

Page 49, note, *au lieu de* : La *Gallia christiana*, *lisez* : Le *Gallia christiana*.

Page 61, notes, *au lieu de* : Tomassin, *lisez* : Thomassin.

Page 185, ligne 21, *au lieu de* : sainte Elisabeth Schœnau, *lisez* : sainte Elisabeth de Schœnau.

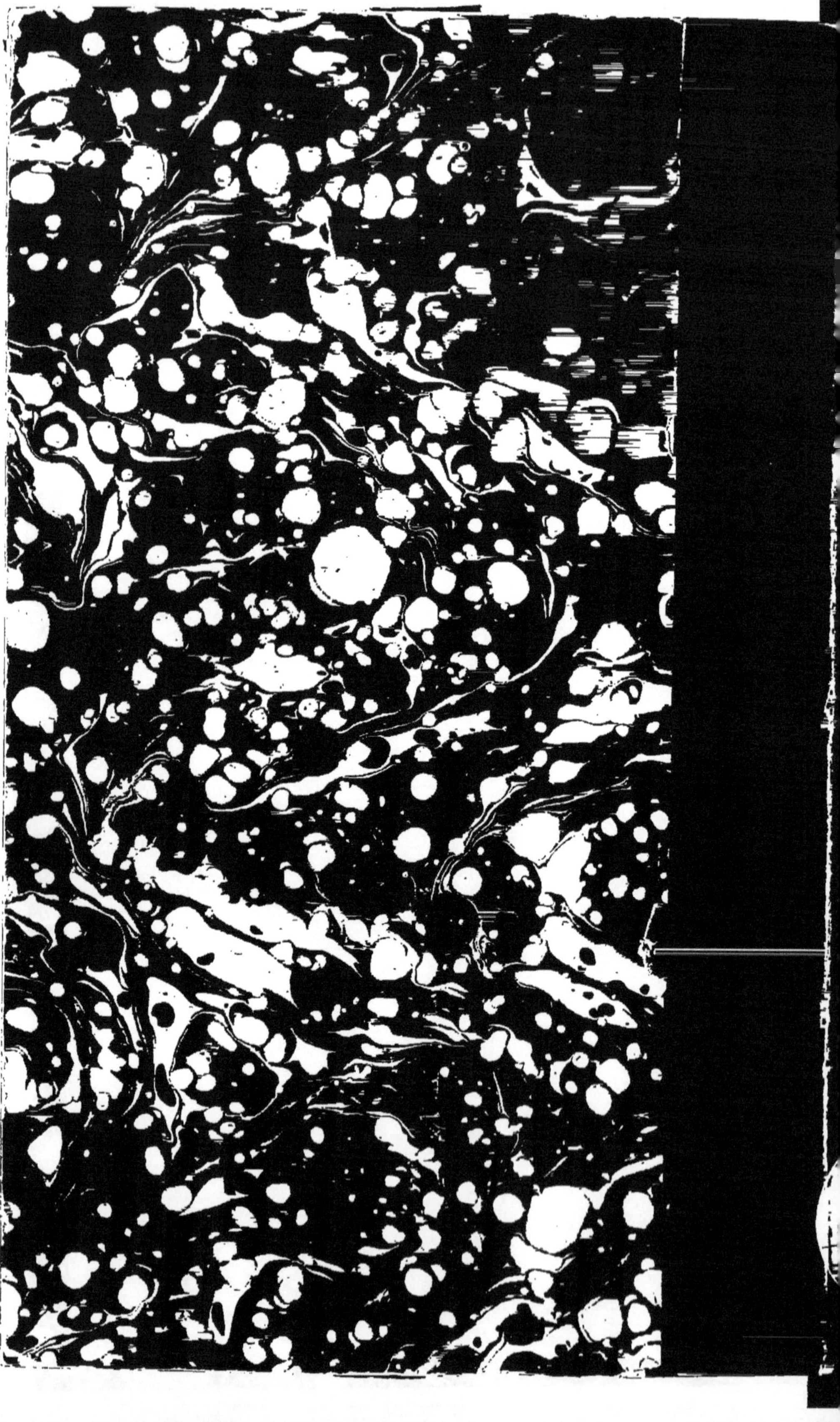

www.ingramcontent.com/pod-product-compliance
Ingram Content Group UK Ltd.
Pitfield, Milton Keynes, MK11 3LW, UK
UKHW021852190726
13855UKWH00001B/280

9 782012 888432